El arte de tramar una historia

MANUALES | Berenice

David Vicente

El arte de tramar una historia

Cómo estructurar una narración

Primera edición

Berenice

© David Vicente, 2024
© Editorial Almuzara, s.l., 2024

Primera edición en Berenice: mayo, 2023

Berenice • Manuales
Director editorial: Javier Ortega
Editora: Ángeles López
Corrección: Mónica Hernández
Maquetación: Joaquín Treviño
www.editorialberenice.com

Editorial Almuzara
Parque Logístico de Córdoba. Ctra. Palma del Río, km 4
C/8, Nave L2, nº 3. 14005, Córdoba

Impresión y encuadernación: Gráficas La Paz

ISBN: 978-84-10521-66-7
Depósito Legal: CO-697-2024

Impreso en España/*Printed in Spain*

Se debe preferir lo imposible verosímil a lo posible increíble.
Aristóteles (*Poética*).

ÍNDICE

PERSONAJE VS. TRAMA

Aunque este es un ensayo que trata de abordar las estructuras principales de la novela y el relato y no da lugar para explorar otros conceptos (ya lo he realizado en otros libros teóricos como *El arte de escribir* o *El arte de narrar*, publicados en esta misma editorial), es importante que tengamos en cuenta, antes de abordar las estructuras narrativas principales, que la literatura no es una cuestión de imaginación (o no de la manera infantil en la que la entendemos y de la que es capaz cualquiera de nosotros). Tiene mucho más que ver con la observación del mundo que nos rodea y con construir personajes sólidos y enriquecidos.

Partamos de la base de que ninguna estructura es garantía de éxito si no hay unos personajes que sostengan nuestra historia.

A mi juicio los personajes son lo más importante que debemos tener en cuenta a la hora de cimentar cualquier narrativa, ya sea literatura, teatro o cinematografía. Si tienes un buen personaje, tienes mucho ganado.

Cuando me refiero a un buen personaje, me refiero a un personaje con el que nuestros lectores empaticen. Empatizar, en ningún caso, significa que estén de acuerdo con sus acciones o que no tengan reproches morales hacia ellos, sino que comprendan el porqué de su comportamiento, cuál es su conflicto, desde su perspectiva, por qué actúan como actúan y se expresan como se expresan; que mantengan una coherencia con ellos mismos y que no resulten planos, meros clichés o proto-tipos. En definitiva, que seamos capaces de dotarles de los ma-tices, debilidades, virtudes y defectos que poseemos cualquier ser humano.

Para que el lector suspenda su realidad y se preocupe por la suerte de los protagonistas de cualquier obra o tenga curiosidad por saber qué sucederá con ellos, ha de creer que lo que está acon-teciendo dentro de sus páginas, le está aconteciendo a personas de verdad, de carne y hueso. No a marionetas o seres de cartón piedra. Nadie se interesa por alguien a quien no considera real. (Aunque, una vez cerremos las páginas del libro sepamos, de un modo racio-nal, que solo se trataba de una novela).

Cuando comenzamos a escribir tenemos la tendencia confiar demasiado en la trama, a pensar que, si contamos una historia es-pectacular, plagada de puntos de giro sorpresivos y sorprendentes para el lector, vamos a deslumbrarle. En la mayoría de las ocasio-nes lo que terminamos por conseguir es atestar nuestros relatos o novelas de pequeños y grandes *deus ex machina*. Término que proviene del teatro griego. Literalmente, significa *dios es la máqui-na* y se utiliza para expresar que una obra ha perdido la relación causa-efecto, las cosas suceden porque sí, por capricho del escritor, bien porque no se le ocurría ningún punto de giro con el que con-tinuar su historia o bien, porque como digo, piensa que, si cuenta algo, a su juicio, muy espectacular, el lector poco menos que aluci-nará con su capacidad de imaginación.

Aunque este es un ensayo que trata de abordar las estructuras principales de la novela y el relato y no da lugar para explorar otros conceptos (ya lo he realizado en otros libros teóricos como *El arte de escribir* o *El arte de narrar*), es importante que tengáis en cuen-ta que la literatura no es una cuestión de imaginación (o no de la manera infantil que la entendemos y de la que es capaz cualquie-ra de nosotros). Tiene mucho más que ver con la observación del mundo que nos rodea e, insisto, con construir personajes sólidos y enriquecidos.

12

Si pensamos por un momento en historias que nos han seducido, incluso sacudido, veremos que muchas de ellas (me arriesgo a decir que la mayoría) no tienen argumentos enrevesados, sino que tratan sobre la separación de una pareja, el distanciamiento de un padre y un hijo o la frustración que supone una situación laboral adversa, por ejemplo. Incluso las novelas de ciencia ficción no son tan complejas como pueda parecer *a priori* y, al margen de la ambientación fantástica, lo que sostiene la atención de los lectores es nuevamente el conflicto, la motivación y la empatía que generan sus personajes protagonistas.

Una vez aclarado esto, por supuesto, la estructura, la ordenación de nuestra historia, tiene su importancia. Sin duda. Aunque lo primero sea tener unos personajes sólidos es necesario que nuestra obra tenga narratividad, que fomente el deseo en los lectores de continuar con su lectura, que no puedan despegarse del libro. Y aquí, por supuesto, suma nuestra capacidad para engancharles y aportarles todo el suspense y la sorpresa que la ficción necesita.

No existe una estructura mejor que otra. Todo dependerá de la historia que estemos abordando y de qué pregunta deseemos que subyazca dentro de ella. Sí, de qué pregunta. Toda fábula encierra una pregunta: ¿Podrán superar Romeo y Julieta los desencuentros familiares que dificultan su amor? (en la obra de Shakespeare) o ¿Quién será el asesino o asesina de Roger Ackroyd? (en la novela de Agatha Christie *El asesinato de Roger Ackroyd*).

Leemos porque necesitamos conocer, porque somos unos cotillas. O, si lo quieres decir de un modo más amable, porque nos preocupa la suerte de los personajes.

13

ARGUMENTO, TEMA Y TRAMA

Convendría definir, antes de entrar a desgranar las principales estructuras, al menos, los límites del terreno de juego. En este sentido, es importante diferenciar tres conceptos íntimamente relacionados, pero completamente distintos, aunque los confundimos con demasiada frecuencia: argumento, tema y trama.

El argumento no es otra cosa que el resumen de nuestra obra. Como define la RAE en su segunda acepción:

> Conjunto de hechos que se narran en una obra literaria, teatral o cinematográfica, a partir de los cuales se desarrolla el texto o el guion.

Romeo y Julieta, que antes hemos puesto como ejemplo, cuenta la historia de dos jóvenes que, a pesar de la oposición de sus familiares, rivales entre sí, deciden casarse de forma clandestina y vivir juntos; sin embargo, la presión que supone esa rivalidad y una serie de fatalidades conducen a que la pareja elija el suicidio antes que vivir separados.

Ese es su argumento. Siento el *spoiler*, pero si a estas alturas no conocías la historia de Romeo y Julieta, creo que lo mejor que puedes hacer, si deseas de verdad convertirte en escritor, es olvidar este ensayo y recuperar el tiempo perdido de lectura.

Vamos ahora con **El tema**.

Todo argumento encierra un tema, lo queramos o no. De hecho, si no es así, tenemos un problema. Pero los escritores, al menos los que yo conozco (empezando por mí, que es sin duda al que más conozco), no escriben pensando en temas, aunque, como digo, en toda historia subyace un tema y nosotros debemos explotarlo una vez lo descubrimos; a veces en la lectura de nuestro primer manuscrito.

El tema es fundamental a la hora de abordar las correcciones y pulir la obra. Pero esto es harina de otro costal o material para otro libro.

¿Qué es el tema? Es algo más sutil que el argumento, digamos que, de alguna manera, es lo que da coherencia y apuntala la obra. En *Romeo y Julieta*, por ejemplo, sería el amor romántico, aunque también coexiste con otro tema que sería las imposiciones sociales. En *Lolita* sería la lucha contra el deseo, al menos contra un deseo autodestructivo, o en *La carretera* de Cormac McCarthy la protección y el amor de un padre hacia su hijo, además de la idea hobbesiana de que el hombre es un lobo para el hombre.

No confundas el tema con algo pomposo y grandilocuente. Me da igual si tu obra habla de la necesidad de conseguir la paz mundial o de la pereza que supone levantarse para trabajar. Pero, como digo, tenlo en cuenta a la hora de corregir y aportar todos esos matices de los que hablábamos antes a los personajes.

Y, por supuesto, no trates de ser dogmático ni aleccionar al lector. El tema tampoco significa que tengas que convencer al lector de tu posición en el mundo. Recuerda lo que decía Chéjov, un escritor de ficción no debe resolver un problema, pero sí enfocarlo bien.

Y, por último, vamos con **la trama**. ¿A qué llamamos trama?

Como habrás podido intuir ya, llamamos trama a la ordenación del argumento. En qué orden le contamos los hechos acontecidos a nuestros lectores. Porque, obviamente, no siempre se los contamos de manera lineal, ciñéndonos a la cronología en la que suceden. Existe un orden cronológico y un orden narrativo.

16

Pongamos como ejemplo una novela policiaca. Al menos un determinado prototipo de novela policiaca. En ellas, primero vemos el cadáver y al final descubrimos quién fue el responsable de su asesinato. Pero, obviamente, el asesino tuvo que matarle antes. Esa fue la primera escena cronológicamente. Pero, claro, ¿dónde quedaría la sorpresa si lo hiciésemos así? El lector ya sabría quién es el asesino para cuando la policía llegase. Por lo que habitualmente la estructura es esta: aparece un cuerpo, un detective muy hábil, sospechamos de uno de los personajes, para luego sospechar de otro e incluso de otro más, hasta que, para finalizar, nuestro hábil detective descubre que no era ninguno de ellos, sino el que nunca pudimos imaginar.

Y ya que hablamos de escenas (aunque quizá sea un término que corresponde más a la narrativa audiovisual: cine o teatro), ten en cuenta que nuestras escenas son móviles, que podemos ajustarlas y desplazarlas dentro del conjunto de la obra.

Cuando empezamos a escribir, tenemos la tendencia a pensar que el primer manuscrito es el resultado final, que no hay otra posibilidad que lo que nuestra cabeza ha parido en un primer momento. Por supuesto, esto no es así. La verdadera escritura, de hecho, es la corrección de ese primer manuscrito y todas las decisiones técnicas que tomes al respecto. No hay escritura si no hay corrección. Como decía Hemingway, el primer borrador solo es un excremento que facilita empezar a trabajar. Un mal necesario.

Pues en esta corrección también puedes (y debes), cómo no, cambiar el orden de las escenas. No hay ningún decreto que te lo prohíba, más allá de la obligación de tratar de seducir a tus lectores.

UTILIDAD DE UNA ESCENA

En términos cinematográficos una escena es todo lo que sucede en un mismo tiempo y lugar. Cuando escribimos un guion, lo dividimos en escenas, trocitos de grabación, que, en un principio, colocamos en el montaje, tal y como nos sugiere el guion que hemos escrito previamente.

Aunque, como te decía antes, en términos literarios no dividimos nuestra novela en escenas, o no exactamente del mismo modo que en un guion, vamos a aceptar como verdad (a sabiendas de que no lo es del todo) que es así.

Principalmente hay dos motivos por los que una escena debería estar dentro de una historia o es pertinente:

1. Avanza trama:
   Conocemos algo más sobre la historia. Una nueva pista, un nuevo asesinato, un sospechoso que ha sido descartado…, en el caso de una novela policiaca, por ejemplo.

2. Desarrolla personaje:
   El lector sale de estas escenas conociendo mejor a los personajes protagonistas. No hablo de saber más sobre ellos en un sentido biográfico (esto, en caso de ser pertinente, pertenecería a las escenas de avance de trama), sino en un sentido sentimental o ideológico. Es decir, ahora sabemos que Fran es un

celoso patológico, o que Alicia es una cobarde, o que Damián es un falso que probablemente te dejará tirado a las primeras de cambio. Entiendes lo que te quiero decir ¿verdad?

Es este tipo de escenas a las que se refiere el guionista Blake Snyder cuando dice que si la escena va de lo que va la escena es que tienes un problema.

Imagina, por ejemplo, una escena de un bibliotecario que insulta a un usuario porque ha devuelto un libro con un pequeño retraso. El retraso en la entrega, en principio, no tiene ninguna influencia dentro de nuestra trama, solo es una excusa para que nuestros lectores observen que nuestro bibliotecario pierde los papeles con demasiada facilidad.

Si tus escenas no cumplen ni una ni otra utilidad, pregúntate cuál es su función dentro de tu novela.

Durante el proceso de escritura, o durante el proceso de creación de nuestra historia (si somos un escritor mapa y no comenzamos a escribir hasta que no tenemos claro todo), decidimos un orden para nuestras escenas. Pero esto no significa en ningún caso que este deba ser el orden definitivo.

Como te decía, también en el cine montamos en base al orden que hemos establecido en el guion, pero es cuando está montada la película y cuando la visionamos cuando vemos si verdaderamente funciona su ordenación y la pertinencia de cada una de las escenas.

En nuestro caso el equivalente sería la primera lectura de nuestro manuscrito. Es ahí cuando verdaderamente vemos si nos aporta la necesidad de seguir leyendo, si nuestra historia tiene el pulso narrativo adecuado, si lo quieres decir así.

Tenemos que acostumbrarnos a barajar la posibilidad que nos podemos llevar las escenas de un sitio a otro y que, lo que antes estaba en la parte central por ejemplo, ahora puede ser perfectamente el comienzo de nuestra novela.

Mi experiencia me dice que, cuando comenzamos a escribir, no tenemos verdaderamente asimilado esta parte de la corrección y tendemos a ver la obra, en este sentido, como algo finalizado, como algo que no es modificable con respecto a la primera versión.

Todo es modificable y todo debe ser susceptible de ser modificado y valorado.

He trabajado durante mucho tiempo en productoras llevando a cabo guiones y te puedo asegurar que en el mundo del audiovisual se tiene mucho menos respeto a la hora de jugar con las escenas. Incluso a la hora de suprimir alguna escena porque, a pesar de estar bien grabada y bien construida, no aportada nada al conjunto de la narrativa.

Yo lo llamo cortarse un brazo. A nadie le gusta quedarse sin él, pero si lo mantienes gangrenarás todo el cuerpo, en definitiva el conjunto de la obra.

Ya sé que a nadie le gusta perder el tiempo escribiendo algo que luego ha de borrar, pero es parte del proceso. En nuestro caso solo es tiempo, pero cuando se trata de una película, además de tiempo es posible que se haya invertido mucho dinero en alquilar un set de rodaje o en pedir los permisos necesarios para cortar una calle o simplemente en todo lo que supone mover un equipo. Pero ese no puede ser un argumento para mantener algo que sabemos que va a estropear la película. Y, créeme, no lo es.

Hemos de convertirnos, en la medida de lo posible, en lectores objetivos de nosotros mismos y ser capaces de analizar nuestra propia novela o relato con los mismos ojos que lo haría un lector ajeno y crítico.

Ten en cuenta que tus lectores no van a ser tan condescendientes contigo ni les va a importar cuánto tiempo hayas estado tecleando frente al ordenador. Así que empieza por no serlo tú mismo.

¿A QUÉ RESPONDE EL ORDEN DE LA TRAMA?

Ordenamos la trama de una determinada manera por una razón principal: para que el lector tenga el deseo de seguir leyendo, para que nuestra historia no sea previsible o aburrida. Esto se consigue, básicamente, si la historia aporta la sorpresa y el suspense adecuados. A fin de cuentas, son los principales elementos, en términos estructurales, que sostienen ese impulso de querer seguir avanzando en la historia.

¿Qué diferencia hay entre suspense y sorpresa?

El suspense es cuando el lector sabe algo que no saben los personajes y de algún modo le produce inquietud pensar qué sucederá cuando ellos se enteren, pero desea que eso suceda para ver su reacción.

La sorpresa es cuando el lector descubre algo que desconocía, pero de lo que, quizá, alguno de los personajes era conocedor o incluso había ocultado.

Aunque, es posible que el maestro del suspense Alfred Hitchcock explicase mejor la diferencia entre ambos elementos, en una conversación que sostuvo con otro de los grandes del séptimo arte, François Truffaut. Reproduzco aquí sus palabras:

> La diferencia entre el suspense y la sorpresa es muy simple […] Nosotros estamos hablando, acaso hay una bomba debajo de esta mesa y nuestra conversación es muy anodina, no sucede nada especial y de repente: bum, explosión. […] Examinemos ahora el suspense. La bomba está debajo de la mesa y el público lo sabe, probablemente porque ha visto que el anarquista la colocaba. El público sabe que la bomba estallará a la una y sabe que es la una menos cuarto (hay un reloj en el decorado); la misma conversación anodina se vuelve de repente muy interesante porque el público participa en la escena. […].

Y concluye:

> En el primer caso, se han ofrecido al público quince segundos de sorpresa en el momento de la explosión. En el segundo caso, le hemos ofrecido quince minutos de suspense.

22

Somos nosotros los que tenemos que saber, y decidir, qué demanda nuestra historia en cada momento: suspense o sorpresa. Ambas son necesarias utilizadas en el momento justo para mantener el pulso de la trama.

FLASHBACK, FLASHFORWARD Y ELIPSIS. ADELANTE, HACIA ATRÁS Y OMITIENDO DE LA REALIDAD

Aunque el uso y la flexibilidad del tiempo y el espacio como tal no es en sí mismo una estructura, como ya has podido observar cuando hemos hablado de la colocación de las escenas, es parte fundamental de cualquier estructura y estamos obligados a manejarlo con efectividad.

El tiempo y el espacio, y por consiguiente su alteración, son dos de los elementos que más diferencia la ficción de lo que llamamos vida real, signifique esto lo que signifique. Como decía el guionista, Elmore Leonard, la trama es como la vida real, si le quitas las partes aburridas. Es lo que conocemos con el nombre de elipsis: omisión de una parte de la historia.

Transitamos de una escena a otra obviando lo que hay entre medias de ellas. Sabemos que nos duchamos, que nos lavamos los dientes, comemos, o bajamos al supermercado a comprar de camino que bregamos con nuestros conflictos cotidianos. Pues siento decirte que nuestros personajes no. O sí, pero al lector no le importa. O solo debería importarle si, de alguna manera, lo que vemos en estas situaciones potencia, explica, matiza o resuelve su conflicto. Así que, si no es así, olvídalo, elídelo y habla de lo que verdaderamente importa. El lector ha pagado para que le cuentes una historia, no para escuchar banalidades.

Confundir la vida real con la trama o tratar de imitarla es uno de los errores más comunes de un escritor novato.

Imagina que un amigo te saca de tu casa con la excusa de que tiene algo muy importante que contarte. Tú estabas viendo tu serie favorita, pero la amistad es lo primero, claro, y él necesita que le escuches. Bajas a la cafetería de la esquina a reunirte con él, con cierta pereza, pero bajas, y se pone a hablarte de lo buenas que estaban las albóndigas que ha comido hoy o del trayecto que ha realizado de camino a la oficina y cómo ha cambiado gracias a los preciosos árboles que ha plantado el ayuntamiento, sin que todavía haya sucedido nada que merezca la pena ser escuchado.

¿Qué pensarías?

Pues exactamente eso es lo que piensan tus lectores si les aburres con memeces similares. Así que haz el favor de obviarlas y transita de una escena a otra, sin más. Solo narra lo que sea fundamental para entender el conflicto de tus personajes.

De algún modo, al igual que un amigo, has sacado a los lectores de su casa y les has reclamado atención porque tienes que contarles algo que merece la pena ser escuchado.

Observa en este fragmento del relato de Carlos Castán, *Un día resbaladizo*:

Yo sabía que aquella faldita de cuadros con los leotardos debajo iba a alterar a María porque a mí mismo, a distancia, ya me había dado un vuelco el corazón. Pude, aun con todo, reaccionar a tiempo y disimuladamente le hice cambiar de acera con un pretexto vago pero urgente que ahora no recuerdo.

No quería que viera a aquella niña que, entre las piernas de una pareja de adultos, se afanaba de puntillas por alcanzar a ver un escaparate iluminado vestida con una ropa tan parecida a la de nuestra hija. No quería que la viera porque esa silueta en el contraluz de la vidriera tenía además su tamaño y sus coletas. Sabía que no podría soportarlo porque yo no podía soportarlo, aunque de hecho no hacía otra cosa más que eso, soportarlo, de la misma manera que quedé cristalizado y sin embargo andaba y gesticulaba, que juraría haber llorado y mis ojos permanecieron secos, que quedé sin habla y no paraba de hablar intentando llamar la atención de mi mujer en dirección opuesta, señalándole sombras de la noche, objetos lejanos, cómo entre la llovizna de octubre las farolas dejaban caer sobre las cosas un débil vapor amarillento. A veces, simplemente no mirar se hace más duro que un penoso esfuerzo físico, no mirar a aquella niña que apoyaba sus manitas en el cristal, volver la vista, renunciar a toda esa dolida ternura y fingir interés por cosas que en realidad resbalan, colocadas en medio de la tarde para resbalar en la mirada. La tarde húmeda de otoño repleta de objetos resbalosos, hecha de calles mojadas resbaladizas y gotas de agua en torno a la luz y en los escaparates deslizándose.

De repente el estrépito y los gritos de los transeúntes nos hicieron volver sobre nuestros pasos. La niña, al tiempo que gritaba «mamá», había pretendido cruzar la calle en diagonal hacia donde estábamos, se había escurrido en el asfalto y al camión de las gaseosas no le dio tiempo a detenerse. Frenó pero patinó, dijeron. En seguida la gente se arremolinó en la calzada, dejaban sobre los charcos las bolsas con sus compras, se deshacían despreocupadamente de sus paraguas, no tiene importancia, el caso es ayudar, enterarse bien de todo, señalar al culpable, correr al teléfono, ofrecer una tila, no pudo usted hacer nada, ya lo vimos, se le echó encima, a mí casi me ocurre la semana pasada. Al cielo preguntaban a berridos «¿de dónde ha salido esta niña?, ¿de quién es la niña?». Los presuntos padres de la cría, los que estaban con ella junto al escaparate, pertenecían ahora al grupo de los interrogadores. Caí en la cuenta de esto apenas un instante antes de oír la voz de mi mujer imponerse claramente en el agitado desorden: «¡Es mi hija! ¡Retírense, es mi hija!».

Es esta la estación de los patinazos. Resbalan personas y cosas sobre la tierra, acaso también sucesos o días enteros que caen en silencio como esas estrellas viejas que se desploman en mitad de la noche o las hojas de los árboles que se desprenden dejando por todas partes dorados montones de tristeza.

No pudo hacerse nada por ella. Como casi siempre ocurre, también esta vez fue tarde. Compadecidos de nuestro estado nos han facilitado el papeleo, las pastillas y todo lo demás, nos hemos sentido arropados a pesar de no tener familia en este país tan lejano del nuestro.

En él, el autor solapa de manera elidida dos momentos, el actual, en el que una pareja pasea por la calle y el marido, consciente de la presencia de una niña que observa un escaparate, intenta distraer a su mujer; y el atropello de su propia hija, similar a la niña que ha observado, que sucedió en el pasado, hace unos días.

Vamos ahora con el desorden que ejercemos en el tiempo. Cuando narramos una historia avanzamos y retrocedemos buscado la manera más efectiva de provocar el suspense y la sorpresa en la trama, ya lo hemos comentado. Es fundamental qué ocultamos y qué anticipamos, cuándo mostramos o desvelamos un momento importante a nuestros lectores.

Esto lo conseguimos con las analepsis (*flashback*) o las prolepsis (*flashforward*).

No es necesario que sea una escena completa, basta con una frase sutil que, de algún modo, revele al lector que algo sucedió o que algo va a suceder. Un buen ejemplo del uso de la prolepsis es este relato de Marcelo Luján, *30 monedas de carne*:

Puede que haya sido la belleza.

Con el crepúsculo y el aguijón siempre envenenado de los celos.

O el atenuante que dan las más inesperadas oportunidades.

Puede que haya sido apenas una comunión maldita de todos esos astros alineados para la desgracia. Sería imposible precisarlo.

Lo cierto es que ahí van las dos, un tanto separadas pero envueltas en los albores de la primavera tardía. Van como si en verdad estuvieran dando un paseo por el valle. Un paseo que podría explicarlo todo: la casa y la tarde y enseguida el crepúsculo y en el corazón del bosque la aparición mágica de una oportunidad.

Tal vez la atracción de esa casa maldita.

Y los celos y el bosque y la maldad.

Lo cierto es que ahí van las dos.

Diez o quince metros separan una bicicleta de la otra.

Astrid va delante, la empuja un ritmo sereno, pero también vertiginoso. Va, además, escuchando música y por eso lleva unos cascos que apenas se notan en los recovecos de sus pequeñas orejas.

Marta va detrás: un poco a rastras, arrepentida de haber salido del camping con la intuición de que Fran ya no la quiere. Hace un momento pedaleaba llorando. Del dolor a la ira no hay ni diez ni quince metros porque apenas hay distancia. Por eso ahora va enfurecida.

Pedalea con esfuerzo. Y piensa. Piensa, Marta, mientras pedalea furiosa, las piernas agarrotadas por la voluntad. Piensa: Esta tía es imbécil. Y pedalea. Y mientras pedalea y maldice a Astrid, siente cómo el sudor le cubre la cara y el torso, y también la entrepierna y los muslos debajo de las mallas negras.

—Cuando la alcance, se va a enterar —dice.

Y dice:

—Puta noruega.

Y pedalea.

Antes, la última vez que se detuvieron, cuando Marta entendió que aquello iba a ser una ruina y convenció a Astrid para que regresaran, le había pedido, con algún que otro furtivo por favor, que fuese más despacio, porque no estaba acostumbrada a tanto desgaste físico, que ella no pesaba cuarenta y cinco kilos ni esto era el Tour de Francia. Todo eso le había dicho antes. Tal vez lo del peso se lo haya repetido, con palabras y también con gestos. Y antes, en cuanto salieron de los límites del camping, le había advertido que ni siquiera recordaba cuándo había sido la última vez que montó en bicicleta.

Ahora nada de todo eso importa y Marta suda y maldice sin poder dejar de pedalear, preguntándose si a Astrid las palabras le entran por un oído y le salen por el otro, si son los cascos o es una tara personal. O es que, en ese país, piensa, serán todas así de estúpidas y arrogantes. No entiende por qué se le adelanta constantemente, como si estuviese yendo sola y no le importara lo más mínimo el esfuerzo que está haciendo para poder seguirle el ritmo.

El sendero, desde hace un buen rato, es estrecho y ripioso. No hay sombra. No hay horizonte. Todo son montañas o algún arbusto y pendientes encendidas por el tibio, aunque brillante, sol de la tarde.

27

Ninguna de las dos lo sabe, pero en la última bifurcación tomaron el camino equivocado y están yendo en dirección contraria al pantano y al camping. Tal vez Marta lo empiece a intuir, pero no. Ni siquiera eso. O mejor: cuando comience a intuirlo, incluso cuando tenga ya la certeza, será tarde y tampoco le valdrá de mucho.

Y pedalea.

Con esa sutil prolepsis que te señalo en una tipografía diferente, Marcelo Luján consigue crearnos una expectativa en torno al relato. Algo va a suceder importante por culpa de una equivocación en la elección del sendero, que ellas desconocen, pero nosotros ya no. Deseamos continuar leyendo para saber qué es exactamente lo que sucederá y qué tiene que ver la elección de ese sendero. El escritor argentino nos ha puesto un cebo y allá vamos como el burro detrás de la zanahoria.

Para finalizar, y ahora sí, entramos de lleno a desgranar cada una de las estructuras, probablemente hay muchas maneras de ordenar una trama. Pero solo una es la mejor. La que cuenta nuestra novela o relato de la manera más efectiva. Tu función como *contador de historias* es dar con ella.

LA *POÉTICA* DE ARISTÓTELES. CON ÉL EMPEZÓ TODO

A pesar de que Aristóteles escribió su *Poética* en el s. IV a. C., de lo que han pasado ya unos cuantos años, sigue teniendo una vigencia absoluta y sigue siendo un magistral manual de narrativa, que te recomiendo leer.

En ella nos habló ya de la estructura básica de cualquier obra dramática. Sí, ya sé que lo has estudiado en Primaria, o en EGB o en el sistema educativo que correspondiese a tu generación. Se trata como ya sabes de la división en tres actos: planteamiento, nudo y desenlace.

En occidente (reservaremos para el final un pequeño capítulo para hablar de la estructura oriental) la mayoría de obras de teatro, películas o novelas siguen construyéndose en base a esa estructura y teóricos como los guionistas Syd Field o Blake Snyder siguen apostando por ella con ligeras variantes.

Pero más allá de la división en estas tres partes, quizá sea fundamental recordar qué función cumple cada una de ellas.

El planteamiento

Decía el escritor Foster Wallace que las primeras veinte páginas de un libro solo sirven para que el lector no lo estampe contra la pared. También el director de cine francés Cecil B. DeMille que una buena película tiene que comenzar con una buena explosión y, a partir de ahí, ir hacia arriba. Por muy exagerado que te resulte, si tienes en cuanta esto, ya tienes bastante ganado de inicio.

La introducción o planteamiento de una historia debe cumplir tres funciones: debe introducir al lector en medio de la acción; debe ofrecer toda la información básica necesaria para que el lector se meta en la historia y debe establecer la gran pregunta dramática. Ya sabes, hemos dicho que continuamos leyendo porque hay una pregunta que subyace en el texto. Si el lector no se pregunta nada o si tu texto no establece ninguna pregunta, el lector no querrá continuar la lectura porque no tendrá curiosidad por conocer nada.

Debemos comenzar en el lugar apropiado. No podemos empezar cuando todo es igual que ayer. La historia no debería empezar cuando no ocurre nada, cuando todo es parecido a como ha sido siempre. Nuevamente pensemos en lo aburrido que resultaría si tu amigo, el mismo de antes, te sacase de casa porque tiene que contarte otra historia sobre algo realmente emocionante (lo cierto es que a tu amigo no dejan de pasarle cosas interesantes), pero empezara dos días antes de que realmente ocurriera o te hablara de que cuando se ha levantado ha bajado a su perro, sin que esto tenga absolutamente nada que ver con la historia que se dispone a narrarte.

El motivo de que contemos una historia es porque ha ocurrido algo nuevo y diferente en la vida, algo que llama la atención sobre lo que ya ocurría.

El tema más importante de esta parte de la estructura aristotélica es alcanzar el equilibrio correcto. El lector no necesita saberlo todo, y está claro que tampoco necesita saberlo de inmediato; si se aporta demasiada información sobre los antecedentes, se ralentiza el relato, lo que puede provocar aburrimiento o confusión si estos datos son irrelevantes. Además, deberíamos guardar alguna información para más adelante.

Las introducciones suelen ser breves. El lector no tiene ganas de pasar mucho rato poniéndose al día y por eso las explicaciones deben ser limitadas. El lector quiere llegar a lo interesante, a la acción; en otras palabras, a lo que llamamos nudo del relato.

El nudo

En la práctica el planteamiento y el nudo de una obra de ficción se solapan. El nudo o desarrollo suele ocupar la mayor parte del espacio de la obra, más páginas, con diferencia, que el planteamiento o el desenlace.

Lo más importante que debes tener en cuenta es que la sección del nudo es donde aparecen los obstáculos incómodos que se cruzan en el camino del protagonista hacia su objetivo una y otra vez y donde las fuerzas unidas contra él o ella se vuelven cada vez más poderosas, ya sean internas o externas. Es aquí donde el conflicto crece y crece hasta que ya no puede crecer más.

Lo expresemos como lo expresemos, lo básico es que una serie de acontecimientos muy relacionados entre sí deben hacer aumentar la tensión y el conflicto hacia una crisis.

He dicho relacionadas entre sí porque el mundo de ficción es un mundo donde, a diferencia de en la vida, lo gobiernan las relaciones causa y efecto. E.M. Forster comentó que «la reina murió y entonces el rey murió» no es una trama, mientras que «la reina murió y entonces el rey murió de pena» sí lo es porque contiene una relación causa y efecto.

Si no estableces estas relaciones y el lector no entiende el porqué de los acontecimientos, se sentirá estafado. Así que no te saques conejos de la chistera, si no están justificados, creyendo que vas a impresionar a tus lectores. No lo conseguirás.

El desenlace

El desenlace o final probablemente sea la parte más breve de la obra, en particular en la ficción contemporánea, puede que por influencia del audiovisual. Sin embargo, tiene unas responsabilidades importantes. Tal vez esta sección del relato sea la más breve, pero también es el lugar en el que todo se une. En el que se da respuesta a esa pregunta dramática que se ha planteado en el acto uno.

Suele seguir una pauta que podríamos llamar las tres C: crisis, clímax y consecuencias. La crisis es el punto en el que la tensión alcanza su grado máximo, el clímax es donde se rompe la tensión y donde recibimos la respuesta a nuestra gran pregunta dramática, esa que hemos establecido al comienzo de la obra y gracias a la que los lectores han pasado ávidamente página tras página para conocer su final. A continuación, se alude a las consecuencias, aunque de forma breve, al final de la obra.

Se ha dicho que los finales deberían dar la sensación de ser inevitables e inesperados y que si miramos hacia atrás ese sea el único desenlace que tenga sentido, aunque nos resulte sorprendente cuando se produzca.

Hemos de ocultárselo a nuestros lectores, que no se no lo vean venir en el trascurso del nudo, pero que, de algún modo, las relaciones causa-efecto de las que antes hablábamos hagan que en esa relectura hacia atrás que todos hacemos, ya sea mental o literal, sea el único final posible.

En definitiva, insisto, debe ser la respuesta a la pregunta que ha sido el motor de lectura. Y esa respuesta debe tener sentido y encajar con la pregunta. Si la motivación para leer la obra ha sido saber si Romeo y Julieta superarían sus dificultades familiares, la respuesta en ningún caso puede ser que Romeo viajará lejos de Génova para explorar otros mundos laborales y personales. El lector se sentiría sumamente decepcionado, por mucho que en otra historia esta respuesta sea más que satisfactoria.

Dice el guionista Blake Snyder que si llegas al acto tercero sin saber qué final debes dar a tu historia, debes revisar el acto primero. Efectivamente, si no conoces la respuesta, puede ser que no hayas planteado ninguna pregunta.

EL CORCHO. EL PARADIGMA DEL ESCRITOR MAPA Y EL ESCRITOR BRÚJULA

Quizá en alguna ocasión hayas oído esta clásica polarización del proceso creativo, ya sabes a los humanos nos gusta clasificar y reducir: solo hay dos tipos de personas, las que son así y las que son asá. Pues bien, como no podía ser de otro modo, solo hay dos tipos de novelistas: el escritor mapa y el escritor brújula. Vamos a admitirla como cierta, a pesar de que no lo es y de que existen múltiples maneras de abordar cualquier proceso creativo. Yo mismo no podría englobarme dentro de ninguna de esas dos categorías. Pero, repito, admitámosla como cierta con todos los matices necesarios para explicar la utilidad del corcho.

El escritor brújula sería aquel que tiene claro dónde quiere llegar y qué quiere contar, pero no sabe cuál será el camino exacto que va a recorrer. Por decirlo de alguna manera, sus personajes le van marcando el camino, le van guiando y tienen cierta vida propia, dejando un cierto margen a la improvisación.

Por el contrario, el escritor mapa sería aquel que no comienza a teclear hasta que no tiene claro cada una de las escenas y qué lugar ocupan dentro del conjunto de la obra.

No creo que sea más garantía de éxito pertenecer a uno u otro grupo. Supongo que existen personas que necesitan tener todo planificado previamente y personas que prefieren hacerlo según se van presentando las dificultades.

Yo comienzo a escribir, en la mayoría de los casos, a raíz de algo que ha disparado mi necesidad de narrar (no me gusta la palabra inspiración): una situación, una conversación, una simple frase que he escuchado mientras viajaba en el metro o tomaba una cerveza en la barra de un bar. En fin, lo que sea.

En gran parte de ocasiones no tengo ni siquiera claro que eso vaya a llegar a algún sitio. Mucho menos si será un relato, una novela o un breve texto sin más recorrido. Encuentro, si es que lo encuentro, lo que quiero contar en el trascurso de la propia escritura. Soy fan de la frase de Margarite de Yourcenar: «escribir es saber de qué escribo mientras escribo».

Esto no me ha impedido publicar en los últimos años, una media de un libro cada dos años (más o menos), que es la media de publicación de cualquier escritor profesional, pertenezca a la categoría que pertenezca.

Lo que es evidente es que para cualquiera de nosotros una novela necesita una estructura, ya sea *a priori* o *a posteriori*. Si eres un escritor mapa habrás realizado esas correcciones antes de comenzar el proceso, probablemente en un corcho clavado en la pared principal de tu salón. Si eres un escritor brújula, o como yo, un escritor totalmente en manos de la improvisación, deberás, en caso de llegar al proceso final, realizar las correcciones estructurales *a posteriori* porque habrá cosas de las que te darás cuenta después. Pero tendrás que buscar el mejor contenedor, la mejor estructura para tu novela. Tendrás que mover las piezas del puzle y ajustarlas para que todo funcione.

La organización y la utilidad del corcho

Como te comentaba, mi proceso de creación de una obra deja mucho lugar a la improvisación por lo que, en mi caso, no utilizo el mítico corcho que se le presupone como atrezo a todo buen escritor. Sin embargo, defiendo su utilidad. Yo mismo lo he usado cuando trabajaba haciendo guiones para productoras. Allí sí, no quedaba más remedio que ser un guionista mapa (como todos los guionistas): nadie se pone a grabar y a jugarse su dinero sin un plan de trabajo previo que tenga un mínimo de solidez.

Lo primero que deberías tener claro es dónde situar el corcho. Porque no se trata de un mero elemento decorativo que te vaya a convertir en escritor como una vieja Underwood colocada en la estantería, sino más bien un elemento de trabajo o, incluso si lo prefieres, un elemento de tortura que te recuerde toda la tarea que te queda por delante.

Así que el corcho debería estar en tu salón o, en todo caso, en el lugar en el que pases la mayor parte del tiempo. Sirve para que lo observes y pienses cuando no estás escribiendo, mientras ves la televisión, tomas el café o estás sentado leyendo en tu cómoda butaca.

¿CÓMO SE DIVIDE EL CORCHO Y QUÉ ES LO QUE DEBEMOS COLOCAR EN ÉL?

La división es muy personal y depende de cómo mejor te organices. Incluso puedes utilizar una división *ad hoc* diferente para cada proyecto que abordes, si es que ya tienes clara la estructura que vas a seguir y a la que mejor se acopla tu historia.

Yo particularmente lo dividía en los tres actos aristotélicos, utilizando una simple cinta aislante o de carrocero, de esas que usan los pintores para no manchar los marcos de las puertas.

Mi corcho es literalmente un corcho. Sé que hay pizarras mucho más sofisticadas donde se puede *chinchetear*, trazar flechas e imantar notas. Pero yo prefiero el corcho porque exclusivamente coloco en él tarjetas blancas del tamaño más o menos de una tarjeta de visita, que puedes comprar en cualquier papelería. Este sería el aspecto aproximado de mi corcho de trabajo.

35

Probablemente habría alguna tarjeta más, pero para que te hagas una ligera idea puede valer. ¿Decepcionado? Sí, sé que no tiene un aspecto demasiado glamuroso, pero se trata de un elemento de trabajo, no se trata de conjuntar con los sillones ni el cuadro abstracto que me regaló mi suegra unas Navidades.

Lo más importante es lo que has de escribir en esas tarjetas y no es otra cosa que las escenas necesarias y solo las necesarias (recuerda la cita: si una historia puedes contarla en cinco escenas no la cuentes en seis) para llevar a buen término tu novela.

El hecho de utilizar tarjetas clavadas con chinchetas, particularmente, me permite dos cosas. Por un lado, poder cambiar las tarjetas de posición en busca de la mejor estructura que aporte el suspense y la sorpresa necesarios para que el lector desee continuar leyendo. Por otro, poder *descolgar* las tarjetas del corcho y llevarlas conmigo en una funda de cartas Bycicle para que, en los ratos muertos que paso en los viajes en tren o esperando que llegue un amigo con el que he quedado a tomar una cerveza, pueda seguir torturándome con las escenas que faltan para terminar de dar forma a la historia y, de camino, seguir probando si es mejor que el lector sepa antes o después que el hijo de Jaime es ilegítimo, por ejemplo.

Creo sinceramente que el método del corcho, o del panel, o de lo que quieras usar, te servirá para adquirir conciencia de la importancia de la estructura.

Y ahora que ya la tienes, vamos con los tipos de estructura más utilizados. Es conveniente que las tengas asimiladas como escritor y que seas capaz de decidir cuándo es mejor una o cuándo es mejor otra.

IN EXTREMA RES.
COMENCEMOS POR EL FINAL

La estructura narrativa *in extrema res*, del latín «al final del asunto» o «en el último momento», es la que comienza la historia por el final, por la última escena que debería conocer el lector si respetásemos su orden cronológico.

> El día en que lo iban a matar, Santiago Nasar se levantó a las 5.30 de la mañana para esperar el buque en que llegaba el obispo. Había soñado que atravesaba un bosque de higuerones donde caía una llovizna tierna, y por un instante fue feliz en el sueño, pero al despertar se sintió por completo salpicado de cagada de pájaros. «Siempre soñaba con árboles», me dijo Plácida Linero, su madre, evocando 27 años después los pormenores de aquel lunes ingrato. «La semana anterior había soñado que iba solo en un avión de papel de estaño que volaba sin tropezar por entre los almendros», me dijo. Tenía una reputación muy bien ganada de intérprete certera de los sueños ajenos, siempre que se los contaran en ayunas, pero no había advertido ningún augurio aciago en esos dos sueños de su hijo, ni en los otros sueños con árboles que él le había contado en las mañanas que precedieron a su muerte.

Desde el primer momento que comenzamos la novela, *Crónica de una muerte anunciada*, del escritor colombiano Gabriel García Márquez, sabemos que Santiago Nasar, su protagonista, va a ser asesinado. Bueno, quizá este sea uno de los ejemplos más radicales del comienzo *in extrema res*, pues, a fin de cuentas, ni siquiera nos hace falta abrir el libro, ya nos lo dice el propio título que figura en la portada: *Crónica de una muerte anunciada*.

Tenemos la tendencia a pensar que las historias siempre han de acabar con una resolución inesperada, sorpresiva para el lector, como si se tratase de una novela policiaca clásica en la que el asesino es el último del que sospecharíamos. No siempre es el atractivo de nuestra historia y no siempre podemos tener reservado un final a la altura. Lo que termina por ocurrir es que ese deseo de sorprender al lector nos lleva plantear un final ilógico, un *deus ex machina*. (Creo que ya sabes lo que significa ¿verdad?).

El hecho de que comencemos una historia *in extrema res* tiene que ver con la pregunta dramática que planteamos en el primer acto. Cuando comenzamos *in extrema res* el lector no se preguntará, obviamente, ¿cómo terminará la historia?, sino ¿cómo o por qué se ha llegado hasta aquí?

No todas las historias pueden empezar *in extrema res*. Ten en cuenta que para que el lector se pregunte ¿cómo se ha llegado hasta aquí? tiene que parecerle una situación suficientemente sorprendente, suficientemente dramática o poco habitual, sea por la razón que sea.

Si en la primera escena (que resulta ser la última) vemos a una pareja de enamorados besándose apasionadamente, es complicado que alguien se pregunte por qué se ha llegado hasta ahí.

Pero puede ser perfectamente el final feliz de una relación que durante la película hemos visualizado como imposible por la razón que sea.

Como en la película *Ciudadano Kane* de Orson Wells. En la primera escena vemos cómo el protagonista, Charles Foster Kane, pronuncia la palabra Rosebud antes de morir solo.

Lo que impulsará la historia será el deseo de saber por qué ha muerto solo Foster Kane y, sobre todo, qué significa esa misteriosa palabra, Rosebud.

En ocasiones el comienzo *in extrema res* no concluye la última escena, sino que el autor se reserva un trocito de escena cuando la recupera, ya al final, en su orden cronológico natural.

No pienses que es necesariamente para aportar un punto de giro sorprendente, como por ejemplo que Charles Foster Kane no estaba muerto, sino que lo ha estado fingiendo. Esto sería absurdo y nuevamente un *deus ex machica*.

Ese pequeño trocito de escena puede ser por un matiz inesperado que, efectivamente, aporta una pequeña (y adecuada) sorpresa o simplemente para apoyar o reforzar, con ese detalle, la parte conclusiva o el tema de nuestra novela.

ESTRUCTURA CIRCULAR. LA HISTORIA TERMINA DONDE DA COMIENZO

Puede confundirse con la estructura *in extrema res*, puesto que la primera y la última escena son escenas similares (a veces incluso idénticas). Por lo tanto, quizá te preguntes, ¿cuál es la diferencia?

Muy sencillo. En el caso de *in extrema res*, la primera escena es la última. Digamos que la hemos desordenado, pero, como ya hemos dicho, si respetásemos el orden cronológico de los hechos que estamos narrando, sería la última. La muerte de Santiago Nasar y de Charles Foster Kane, es el final de la novela *Crónica de una muerte anunciada* o de la película *Ciudadano Kane*. En el caso de la estructura circular, la primera escena nace con el espíritu de ser el comienzo de nuestra historia, pero el protagonista regresa a ella en el final.

Los motivos están muy relacionados con lo que conocemos como arco del personaje, quizá por eso sea una estructura más propia de narrativas largas que de narrativas más breves como el relato, donde el arco del personaje está menos marcado o ni siquiera existe.

¿Qué es el arco del personaje? Supongo que es un concepto que ya has escuchado con anterioridad. Un personaje no debería ser igual al comienzo que al final de la historia. Estamos contando algo importante que ha sucedido en la vida de alguien. El lector debería percibir que esos hechos de algún modo le han afectado.

En la medida que sea, más sutil o más abruptamente. Pero que le han transformado en otra persona que no era al principio. Si lo quieres decir así, por el camino (toda historia es un viaje interior o exterior) ha aprendido algo.

En la estructura en círculo básicamente existen dos posibilidades: que lo que haya aprendido nuestro personaje es que estaba mejor al principio y desee volver donde comenzó, con la diferencia de que ahora sabe, gracias al viaje que ha emprendido, que nunca debió abandonarlo. O que le sea imposible escapar del conflicto que se ha planteado. Está atrapado en él de una manera perpetua. En esta opción nuestro personaje protagonista, o bien no ha evolucionado, o bien, por alguna razón, propia o ajena, no puede librarse del conflicto que le *oprime* y contra el que ha luchado a lo largo de la narración.

Ejemplos de la primera opción serían *La Odisea*: Ulises va en busca de aventuras cuando debe regresar a casa a luchar contra los pretendientes de Penélope a la que ha abandonado; las aventuras ya estaban allí y no hacía falta salir a su encuentro. O el *Mago de Oz*: Dorothy parte de Kansas en busca de un lugar más feliz, pero se da cuenta de que «como en casa no se está en ningún sitio», por lo que decide regresar de nuevo a su hogar. Pero, ahora sí, con la certeza de que allí es feliz.

Responde al espíritu de *Ítaca*, el poema de Constantino Cavafis:

> Cuando emprendas tu viaje a Ítaca
> pide que el camino sea largo,
> lleno de aventuras, lleno de experiencias.
> No temas a los lestrigones ni a los cíclopes
> ni al colérico Poseidón,
> seres tales jamás hallarás en tu camino,
> si tu pensar es elevado, si selecta
> es la emoción que toca tu espíritu y tu cuerpo.
> Ni a los lestrigones ni a los cíclopes
> ni al salvaje Poseidón encontrarás,

si no los llevas dentro de tu alma,
si no los yergue tu alma ante ti.
Pide que el camino sea largo.
Que muchas sean las mañanas de verano
en que llegues —¡con qué placer y alegría!—
a puertos nunca vistos antes.
Detente en los emporios de Fenicia
y hazte con hermosas mercancías,
nácar y coral, ámbar y ébano
y toda suerte de perfumes sensuales,
cuantos más abundantes perfumes sensuales puedas.
Ve a muchas ciudades egipcias
a aprender, a aprender de sus sabios.
Ten siempre a Ítaca en tu mente.
Llegar allí es tu destino.
Mas no apresures nunca el viaje.
Mejor que dure muchos años
y atracar, viejo ya, en la isla,
enriquecido de cuanto ganaste en el camino
sin aguantar a que Ítaca te enriquezca.
Ítaca te brindó tan hermoso viaje.
Sin ella no habrías emprendido el camino.
Pero no tiene ya nada que darte.
Aunque la halles pobre, Ítaca no te ha engañado.
Así, sabio como te has vuelto, con tanta experiencia,
entenderás ya qué significan las Ítacas.

Necesitábamos partir a Ítaca para comprender que Ítaca siempre había estado dentro de nosotros. Ítaca nunca fue el destino, ahora lo sabemos porque, como dice Cavafis, sin ella no habríamos emprendido el camino.

Es una de las historias más contadas desde el origen de la fábula y que más nos gustan a los lectores. Supongo que necesitamos creer que si nos arrepentimos podremos regresar al lugar de origen, donde nos acogerán y perdonarán.

Exploremos ahora la otra alternativa a la narrativa circular.

Un ejemplo de ella es la novela con la que me alcé en 2017 con el premio de Narrativa Breve Ciudad de Barbastro. Comienza así:

ANJA

Ayer recolecté tomates. Hoy los he puesto al sol. Me he convertido en mi madre.

Mi madre siempre deshidrataba los tomates al sol después de recogerlos en la huerta de la parte de atrás de la casa. Así se conservaban más tiempo y le aportaban más sabor a los platos. Eso decía. En realidad, no solo está la cuestión de los tomates. También están las bolsas en los ojos que me devuelve mi imagen en el espejo, mi pelo desgreñado, mi descuido general en la vestimenta, las arrugas que empiezan a aparecer en las comisuras de los labios con la misma forma de tela de araña que las suyas… Pero, sobre todo, está la soledad. En su caso como preámbulo de la locura. Quién sabe si también en el mío. Puede que el primer síntoma de su enajenación fuese secar tomates al sol. Todas las mujeres de la familia desde hace generaciones han acabado locas. Locas y solas. O solas y locas. No estoy segura. Quizá todas deshidrataron tomates como punto de partida.

Y termina exactamente del mismo modo. Pero en la voz de su hija Luissa:

LUISSA

Ayer recolecté tomates. Hoy los he puesto al sol. Me he convertido en mi madre.

Mi madre siempre deshidrataba los tomates al sol después de recogerlos en la huerta de la parte de atrás de la casa. Así se conservaban más tiempo y le aportaban más sabor a los platos. Eso decía.

En realidad, no solo está la cuestión de los tomates. También están las bolsas en los ojos que me devuelve mi imagen en el espejo, mi pelo desgreñado, mi descuido general en la vestimenta, las arrugas que empiezan a aparecer en las comisuras de los labios con la misma forma de tela de araña que las suyas… Pero, sobre todo, está la soledad. En su caso como preámbulo de la locura. Quién sabe si también en el mío. Puede que el primer síntoma de su enajenación fuese secar tomates al sol. Todas las mujeres de la familia desde hace generaciones han acabado locas. Locas y solas. O solas y locas. No estoy segura. Quizá todas deshidrataron tomates como punto de partida. […]

En este caso, la protagonista de nuestra historia, Anja, sí tiene una resolución a su conflicto. Pero la obra es absolutamente circular porque, como indican esos puntos suspensivos introducidos entre corchetes y la literalidad del texto con respecto al de apertura, se repetirá inevitablemente en todas las mujeres de la generación, condenadas a una herencia permanente de soledad y locura.

IN MEDIA RES.
¿Y SI EMPEZAMOS POR EL MEDIO?

Se trata de una estructura muy cinematográfica, o usada con cierta frecuencia en la gran pantalla. Pero no te confundas, su origen es bastante anterior al audiovisual. Sirvan como muestra *El cantar de Mio Cid* o *La Ilíada* de Homero. En el primero, la historia comienza cuando Rodrigo Diaz de Vivar ha sido desterrado y obligado, junto con sus vasallos, a abandonar Vivar. Y, aunque es cierto que se han perdido unas cuantas páginas del texto original, es difícil pensar que comenzase por el inicio. En el segundo, vemos ya a Ulises en medio del mar sumergido en las aventuras que ha salido a buscar.

Efectivamente, comenzamos a contar la historia en su parte central. Bueno, no exactamente en su parte central. No es necesario que, si la novela tiene doscientas cincuenta páginas, te vayas a la página ciento veinticinco para extraer la escena.

Desde el inicio los personajes ya están metidos dentro del conflicto que vertebra la historia con lo que aportamos, ya desde la primera línea, un mayor dramatismo a la narración.

Obviamente hay historias que ya tienen este dramatismo desde el detonante respetando su orden cronológico y, evidentemente, hay otras que no lo necesitan porque su potencial no reside en, llamémosle, la espectacularidad de su arranque.

También debemos tener en cuenta que el lector ha de entender el conflicto mostrado sin necesidad de informar quiénes son los personajes y qué sucesos les han llevado ahí.

Después volvemos al pasado, bien continuando con una narración lineal o bien a través de varios *flashbacks* o analepsis.

No se trata de que le ofrezcas al lector un capítulo entero, pueden ser unas breves líneas o una parte de la escena. Los lectores han de tener ganas de seguir leyendo para saber por qué ha sucedió lo que acaban de leer, pero no puedes desvelarles más de la cuenta o te cargarás la sensación de sorpresa y suspense.

Uno de los comienzos más famosos *in media res* es el que nos ofrece Gabriel García Márquez en su novela *Cien años de soledad*:

> Muchos años después, frente al pelotón de fusilamiento, el coronel Aureliano Buendía había de recordar aquella tarde remota en que su padre lo llevó a conocer el hielo. Macondo era entonces una aldea de veinte casas de barro y cañabrava construidas a la orilla de un río de aguas diáfanas que se precipitaban por un lecho de piedras pulidas, blancas y enormes como huevos prehistóricos. El mundo era tan reciente, que muchas cosas carecían de nombre, y para mencionarlas había que señalarlas con el dedo.

Yo, humildemente, también lo puse en práctica en mi obra *La puta y la niña que soñaron Berlín*:

> Me golpea.
> Me introduce a empujones en el dormitorio.
> —¡No eres más que una puta! —grita.
> ¡Te dije que te alejases de ella! ¡Que nos dejases en paz y te metieses en tus cosas!
> Sus palabras rebotan contra las paredes de la habitación.
> —¡Puta! ¡Te vas a enterar! ¡Puta! ¡Te voy a enseñar a no meterte en lo que no te importa! ¡Zorra!
> No escucho. La voz me llega difuminada. Ajena. Lejana. Solo voces que se mezclan en mi cabeza en un bucle, estallan y se deshacen. Me llevo las manos a mis oídos y las aprieto fuerte, presiono mis tímpanos; intento acallar las voces.

Solo pienso en ella. Está abajo. De momento está a salvo, pero tengo miedo de lo que pueda pasarle. No puedo dejarla sola. Soy lo único que tiene.

Mi cuerpo rebota contra la cama deshecha, se obstruye entre las sábanas enmarañadas. La impaciencia por Aitana amortigua los golpes que recibo, los aleja por momentos.

Mis bragas se rasgan y arañan la carne.

—Esto es lo que quieres, ¿verdad, puta? Esto es lo que te gusta—. Su cuerpo, pesado, halitoso, ebrio, me oprime, sujeta mis muñecas. No opongo resistencia. Solo pienso en ella. Solo pienso en no dejarla sola.

Sus carcajadas me golpean con más violencia que sus puños, me resquebrajan en mil pedazos, se introducen en mi carne y la fragmentan por dentro.

Noto su sexo, duro, que intenta abrirse paso. No me opongo, no quiero oponerme. Solo quiero estar junto a ella. La imagino alejarse, correr, huir sin volver la vista atrás y sonrío.

Y, de pronto, su cuerpo se vence sobre mí.

Esta escena de inicio, en la que los lectores pueden intuir una violación, está incompleta, pues, como te decía, si la hubiese incluido entera hubiese desvelado demasiados datos de la trama, cuyo misterio resulta parte del motor de la lectura. Se recuperará, posteriormente hacia el centro de la novela y, allí sí, los lectores descubrirán cómo termina y qué sucede realmente.

ESTRUCTURA INVERTIDA. CAMINEMOS HACIA ATRÁS

Se trata de una estructura muy visual. Los *flashbacks* siempre llaman la atención del espectador. Lo que no significa que debas usarlos si no resultan pertinentes. Quizá por eso es muy utilizada en el cine, aunque por supuesto también en novelas.

Los acontecimientos se suceden a la inversa, es decir, comenzando por el final y llegando al término en el comienzo. Por lo tanto, está narrada a través de un continuo *flashback* o un conjunto de *flashback*. Al igual que en la estructura *in extrema res*, los lectores se preguntarán cómo o por qué se ha llegado hasta allí. Y al igual que en ella, el acontecimiento al que se ha llegado debe ser lo suficientemente sorprendente o llamativo para que el lector se plantee esa pregunta.

Moulin Rouge! o *Memento* son algunos ejemplos cinematográficos. En la primera se nos cuenta el amor imposible entre Christian (Ewan McGregor), un poeta inglés que abandona su acomodado hogar para unirse en París a la «revolución bohemia», y la bella cortesana Satine (Nicole Kidman). En la segunda, más todavía si cabe, ejemplo de una estructura más invertida, se nos narra la historia de Leonard, un investigador de una agencia de seguros cuya memoria está irreversiblemente dañada por culpa de un golpe en la cabeza, al intentar evitar el asesinato de su mujer: esto es lo último que recuerda. A causa del golpe, ha perdido la memoria reciente, los hechos cotidianos desaparecen de su mente en unos minutos. Por lo que, para investigar y vengar el asesinato de su esposa, tiene que recurrir a la ayuda de una cámara instantánea y a las notas que se tatúa en su cuerpo.

El prestigioso director Christopher Nolan nos conduce aquí, a través de una estructura fascinante y un juego de *flashback* a un final (comienzo) inesperado para el espectador.

Vamos ahora con un ejemplo literario que ilustre esta estructura. En la novela *Feliz final*, su autor, Isaac Rosa, nos cuenta el amor de una pareja, o su desamor (depende cómo se mire), comenzando por su separación hasta llegar al momento en el que se enamoraron. ¿Dónde se torció todo?, ¿cómo han (hemos) acabado así? Son las preguntas que se hacen los lectores y a la vez sus protagonistas.

EPÍLOGO

Nosotros íbamos a envejecer juntos. Lo digo en voz alta por escucharme, y compruebo lo melodramático que suena: nosotros íbamos a envejecer juntos. Lo repito con más fuerza, buscando el eco en el dormitorio vacío, exclamatorio: ¡nosotros íbamos a envejecer juntos! Pruebo a decirlo sonriendo, como un vendedor telefónico: nosotros íbamos a envejecer juntos. Nada. Sigue sonando aparatoso. Ahora engolando la voz, rodilla en tierra, calavera en mano, pausas dramáticas: Nosotros. Íbamos. A envejecer. Juntos. Abro los brazos para llenar pulmones de tenor, la orquesta se eleva, el público se estremece, tintinea la gran lámpara sobre la platea: nosotrooooooos íbamos a envejecer juuuntooooooooooos. Caigo muerto en el escenario, baja el telón, aplausos, hipidos. Lo tecleo en el teléfono, en varios intentos: Nosotros íbam, y borro. Nosotros íbamos a env, y borro todo. Nosotros íbamos a envejecer juntos. Tras observar unos segundos las palabras, que hasta en la pantalla fosforita resultan grandilocuentes, las borro de nuevo, bloqueo el teléfono, paseo hasta el salón, me siento en el sofá cojo, único mueble que queda en todo el piso. Doy unos botes en el asiento, lo hago taconear en el parqué. Nuevo intento: Nosotros íbamos a envejecer juntos. Leo, releo. Busco en la libreta de contactos, selecciono tu nombre, que sigue siendo el primero, aquel al que llamarían los servicios de emergencia en caso de encontrarme muerto. Una última revisión del texto y por fin hago clic en Enviar. Ahí va. Por el piso vacío mi cuerpo esquiva los muebles que ya no están. En las paredes, el cerco polvoriento dejado por estanterías y armarios, fotografías y carteles que sigo viendo en cada escarpia. Por toda la casa identifico manchas, trazos de rotulador infantil, arañazos en la madera del suelo, huellas negruzcas alrededor de los interruptores, un pomo destrozado a martillazos para abrir una puerta atrancada. Podría fechar y describir cada marca de vida. Te reías de mí cuando las llamaba así: marcas de vida. Fantasmas que desaparecerán bajo la brocha y el estropajo del próximo inquilino. En el dormitorio, por ejemplo, sobre el rectángulo descolorido que dejó el cabecero, a la derecha pueden ustedes contemplar una enigmática cara de Bélmez: el sello dejado por una década de tus pies apoyados en la pared, cuando al acostarte ponías las piernas en alto unos minutos para mejorar la circulación. En el marco de una puerta, la escala de las niñas al crecer. La recorro con los dedos como un piano, acaricio cada muesca y leo la fecha y las iniciales. Las acaricio y leo, aunque al hacerlo no puedo dejar de pensar que es un fácil cliché sentimental del que siempre me he burlado, pero ahora mismo no se me ocurre otra forma de subrayar la tristeza, rozando con emoción un marco de puerta pintarrajeado. Porque, aunque no te lo creas, aunque haya empezado haciendo el payaso en el dormitorio vacío, estoy triste. Y algo más que triste. Por eso te he enviado el mensaje, por eso me sobresalto cuando oigo la campanilla que avisa de tu respuesta, que leo con impaciencia, aunque me temo que llega tarde, muy tarde.

Como ves el autor titula el primer capítulo como Epílogo y, aunque te pueda parecer el final de la novela (y obviamente es el final de la historia de amor de la pareja protagonista), este es su comienzo.

En el resto de la novela iremos visualizando la historia de su relación hasta llegar a su comienzo.

55

ESTRUCTURA CONVERGENTE.
DOS HISTORIAS POR EL PRECIO DE UNA

Aquí dos historias (o más), en principio diferentes, discurren de manera hasta que se conectan al final de la obra o a mitad.

Se suele emplear para diferenciar modos de vida, de pensamiento o suertes diferentes de dos personajes en contextos similares u opuestos, pero con ciertos paralelismos. Puede ser en épocas distintas o coetáneas.

Aunque, como digo, al principio puede parecer que las dos historias caminan en paralelo y que no se cruzarán, han de hacerlo tarde o temprano. Normalmente de mitad hacia delante.

Evidentemente es lo que el lector espera y, si no lo hiciesen, se sentiría decepcionado. No entendería por qué dos relatos que no tienen nada que ver el uno con el otro conviven juntos y terminaría por preguntarse de qué trata lo que ha leído.

Puedes encontrar ejemplos de estructuras convergentes o semi-paralelas, si prefieres este término en las películas *Babel* del director González Iñárritu, donde tres acontecimientos trascurren de manera independiente en Marruecos, EEUU y Tokio, aunque, sin que sus protagonistas los sepan, todos parten de un detonante común: el disparo de dos jóvenes marroquíes que prueban un rifle de su padre, apuntando hacia un autobús de turistas e hiriendo gravemente a una pasajera. También en *Crash* de Paul Haggis en la que el hallazgo del cuerpo de un hombre brutalmente asesinado en una cuneta hará que las vidas de varias personas se entrecrucen en la ciudad de Los Ángeles.

He utilizado el término semiparalelas porque, sobre todo, en *Babel* el espectador sabe desde el inicio dónde está el punto de cruce de las tres historias que se narran, ya que, en este caso, más que un punto donde convergen todas es el detonante que las pone en marcha.

Un ejemplo literario sería la novela *Saber perder* de David Trueba. Comienza así:

1

Para evitar las escaleras del instituto, Sylvia utiliza el ascensor de profesores. Esta mañana, al llegar, se ha subido a la carrera don Octavio, el de matemáticas, siempre estirado, la falta de movilidad en el cuello le obliga a volverse de cuerpo entero para mirar hacia los lados. Al ver la escayola le ha preguntado ¿cuánto tiempo tienes que llevarla? Un coñazo, creo que me la quitan en una semana. Ah, lo mío es peor, es para siempre. Y se ha señalado el cuello agarrotado. ¿Fue un accidente?, le preguntó Sylvia. No, es una cosa llamada enfermedad de Bertchew. Supongo que cuando el señor Bertchew fue al médico y le dijeron que sufría la enfermedad de Bertchew se quedaría bastante acojonado, ¿no? Se rio él solo, Sylvia le acompañó con una sonrisa tardía. Se bajó en la planta anterior a ella. Pasa un buen día. Usted también. Durante el recreo Sylvia permanece en el aula. Mai se ha sentado sobre su mesa y apoya las botas en el filo de la silla de Sylvia. El talón de la escayola reposa en un pupitre cercano. Sylvia ha logrado una soltura notable con las muletas. Se apoya en ellas cuando está de pie, detenida, con el pliegue de la rodilla en el asa, las reúne al sentarse como si fueran ligeras, pesca su mochila del suelo sujetándolas por el extremo inferior y por la calle aparta algún papel o lata abandonada en la acera como si jugara al hockey. La inactividad le ha dado tiempo para estar sola. Sus días, antes del accidente, dependían casi en exclusiva del horario de clase, de los planes de Mai. Volvían juntas del instituto, quedaban por las tardes, iban a su casa, se encerraban en la pocilga a oír música o se sentaban en el portal a charlar. [...]

Posteriormente nos introduce en la historia de otro personaje:

2

Algunas veces seguía a una mujer hermosa que se cruzaba por la calle. A quince pasos de distancia degustaba su andar, su contoneo, sus formas, su prisa. Especulaba con su edad, su tipo de vida, sus relaciones familiares, su empleo, fija la vista en el pelo ondulado sobre el cuello o al acecho de un perfil. Le bastaba compartir con ellas una misma dirección para conocerlas, acompañarlas varias calles para hacerles el amor. En ocasiones se perdían en un portal, en un coche, descendían a la boca del metro o entraban en un comercio y Leandro aguardaba en la acera de enfrente como un enamorado paciente. A veces había seguido a una mujer por los corredores de El Corte Inglés, incapaz de determinar lo que buscaba, y la estudiaba a través de los estantes, planta tras planta, y saboreaba su rostro dibujado con ese aire ausente de alguien que compra sin saberse mirado. Se conformaba con apreciar la armonía de unos labios, el roce de un jersey sobre la forma del seno o el velo y desvelo de una rodilla en juego con la falda. Terminaba a veces en un barrio extraño donde la mujer se besaba con un hombre o se unía a otro grupo de mujeres, después del trayecto en autobús tras la estela sensual que desaparecía de pronto al socializarse ella, al terminar su estado de soledad.

E incluso de un tercero:

3

Su asiento de tribuna en el estadio está casi a ras de campo, con el césped ante sus ojos como una alfombra húmeda y mullida. El fútbol no parecía tan sencillo desde allí. La pelota más ingobernable. Los espacios mínimos. Los jugadores humanos. Se apreciaba el sudor, se escuchaba su gemido en un encontronazo o el silbido para pedir el balón. Al lado de Lorenzo está sentada Sylvia, la pierna escayolada. En cada respiración sale vaho de su boca. Abrígate, le había dicho antes de salir de casa. Lorenzo se ha ajustado un gorro de lana, pero Sylvia está protegida por la cascada de rizos. Compartían la fila de asientos tapizados, cómodos como los de un cine, con algún jugador no convocado y las esposas de otros, bellezas fabricadas en serie, que en lugar de seguir el partido clavaban los ojos en sus parejas con un leve estremecimiento cada vez que sufrían una entrada brusca. Mira, esa es la mujer del polaco que lleva el número cinco, dicen que se gastó cien mil euros en un perro de raza, le indica Lorenzo, pero Sylvia no atiende al cotilleo. ¿Y el argentino? ¿Cuál es su novia?, pregunta ella. Ni idea.

Obviamente, ya lo podemos observar, de hecho, las vidas de todos ellos terminarán por cruzarse y las acciones de unos personajes determinarán en buena medida las del resto.

ESTRUCTURA EN PARALELO. DESPUÉS DE LA APERTURA

La estructura en paralelo es justo la opuesta a la estructura convergente que hemos visto en el apartado anterior. Aquí una misma historia, en un momento determinado y a raíz, habitualmente, del detonante (es decir, del primer punto de giro) se ramifica en dos posibilidades.

Si asemejamos la narrativa a una partida de ajedrez, ante una misma apertura y tras una determinada jugada (digamos un suceso en el ámbito narrativo) se abren varias variantes (respuestas lógicas del adversario, en ajedrez, o decisiones que es escritor debe tomar sobre los personajes en el arte de contar historias). Nuestro protagonista o nuestra protagonista puede reaccionar de manera diferente ante un mismo hecho, por ejemplo confesarle o no a su pareja la infidelidad que ha mantenido, lo que le llevará a perderla o no hacerlo. Es lo que sucede en la película *Lluvia en los zapatos* de la directora Laura Ripoll.

Se plantean, por lo tanto, dos preguntas para el lector o espectador: ¿qué sucedería si le confieso a mi pareja que he sido infiel? ¿Qué sucedería si le oculto a mi pareja que le he sido infiel?

Este tipo de estructura nos puede conducir a dos finales diferentes o a un mismo final, explorando la idea griega de Edipo en la que el destino esta prefijado y hagas lo que hagas jamás podrás huir de él.

Subyace, aunque no de modo estructural en el microrrelato *El gesto de la muerte* del escritor francés Jean Cocteau:

—¡Por favor, príncipe, sálvame! Encontré a la Muerte esta mañana y me hizo un gesto de amenaza. Tengo miedo. Esta noche quisiera estar en Ispahán para librarme de ella.

El bondadoso príncipe decidió prestarle sus caballos. Pero por la tarde, el príncipe se encontró con la Muerte y le preguntó:

—Esta mañana ¿por qué hiciste a nuestro jardinero un gesto de amenaza?

—No fue un gesto de amenaza —le respondió la Muerte— sino un gesto de sorpresa. Lo veía lejos de Ispahán esta mañana... y debo llevármelo esta noche en Ispahán.

En este microcuento la historia paralela está elidida (suprimida) y es el lector quien llega a la conclusión de que hubiese dado igual la variante (si me permites que continúe con el término ajedrecístico) que hubiese elegido su protagonista, pues le hubiera abocado al mismo final: en este caso, la idea de que ninguno podemos escapar cuando llega nuestra hora.

Un ejemplo de esta estructura que gozó de relativo éxito en mi infancia fue la de la colección juvenil de la editorial Timun Mas, *Elige tu propia aventura*. En cada una de las pequeñas novelas se le proponía al lector después de un capítulo que si deseaba que el personaje hiciese una determinada acción se dirigiese a la página x, pero si deseaba que la alternativa fuese otra, se dirigiese a la página y.

Buena parte del atractivo de estas novelitas, sobre todo desde la perspectiva de un niño lector que se enfrentaba a sus primeras obras, es que, de alguna forma, tú podías elegir la suerte del personaje. En mi caso, y supongo que en el de la mayoría de los jóvenes lectores, terminaba por explorar todas las opciones.

Este es el comienzo de *La cueva del tiempo*. Uno de los títulos que formaron parte de la colección:

1

ADVERTENCIA

¡No leas todo el libro seguido, del principio a fin! En sus páginas hallarás muchas y variadas aventuras. A medida que lo vayas leyendo, te verás obligado a elegir. De tu decisión depende que la aventura constituya un éxito o un fracaso.

Tú serás el responsable del resultado final. Te corresponde a ti tomar las decisiones. Una vez que hayas elegido, sigue las instrucciones para averiguar qué sucede a continuación.

Recuerda que no puedes volver atrás. Recapacita antes de decidirte por una opción. Tu elección puede conducir al desastre o... ¡a un magnífico final!

¡Uf, qué responsabilidad!: Tu elección puede contribuir al desastre. Ahí es nada.

2

Ya habías pasado en anteriores ocasiones por el Cañón de la Serpiente, cuando ibas en bicicleta a visitar a tu tío Howard en el rancho Red Creek, pero nunca te habías fijado en la entrada de la cueva. Parece como si un desprendimiento de rocas la hubiese dejado al descubierto recientemente.

El sol de la tarde ilumina la entrada de la cueva, pero su interior permanece en la más absoluta oscuridad. Das unos pasos hacia dentro para hacerte una idea de su tamaño. A medida que te vas acostumbrando a la oscuridad, empiezas a vislumbrar una especie de túnel iluminado débilmente por algún tipo de material fosforescente incrustado en las rocas. Las paredes del túnel tienen una forma suave, como si hubiesen sido modeladas por el curso del agua. Cinco o seis metros más adelante, el túnel describe una curva. Te preguntas a dónde conduce. Das unos pasos más. Te pone nervioso estar solo en un lugar tan extraño. Das la vuelta y sales corriendo al exterior.

A juzgar por la oscuridad que reina en el exterior, está a punto de desencadenarse una tormenta. De pronto, te das cuenta que el sol ya se ha puesto y que la única iluminación procede de la pálida luna llena. Quizás has debido quedarte dormido un par de horas. Entonces recuerdas algo que todavía te resulta mucho más extraño: la noche anterior, la luna apenas estaba empezando su cuarto creciente.

Empiezas a dudar del tiempo que has pasado dentro de la cueva. No tienes hambre, ni te parece que hayas podido quedarte dormido. No sabes si intentar volver a casa guiado por la luz de la luna o si esperar a que amanezca para no correr el riesgo de resbalar en el escarpado sendero.

Si decides volver a casa, pasa a la página 4.
Si decides esperar, pasa a la página 5.

PUNTO DE VISTA MÚLTIPLE O ESTRUCTURA BICÉFALA. ESCUCHEMOS TODAS LAS OPINIONES

En esta estructura un mismo acontecimiento, o una serie de acontecimientos comunes, son narrados en primera persona por dos personajes diferentes o por múltiples personajes.

Lo que le estamos aportando al lector es una sensación de objetividad, de distanciamiento por nuestra parte sobre los hechos. Son las versiones de cada uno de sus protagonistas quien conducirán al lector a sus propias conclusiones.

Este tipo de estructura se utiliza cuando la historia no pertenece principalmente a un solo personaje protagonista, sino que hay más personajes que la sustentan en el mismo grado de importancia. También cuando la visión de cada uno de ellos sobre los hechos acontecidos es importante o aporta matices diferentes a la historia.

Te pongo algunos ejemplos que quizá te ayudarán a entenderlo mejor. En la película *Historia de un matrimonio*, que no deja de ser la historia de un divorcio, su director, Noah Baumbach, nos ofrece la visión tanto del marido como la visión de la mujer. De algún modo escuchar las dos versiones hace que ambos se conviertan a nuestros ojos en víctimas y verdugos y que la culpabilidad se equilibre, que es a fin de cuentas lo que suele pasar en la mayoría de las separaciones.

Imagina también que vas a contar la historia de cómo un grupo de rock se separa a causa de los malentendidos entre sus integrantes, pongamos por caso los famosos The Beatles. Quizá estaría bien ofrecer al lector la visión de sus cuatro miembros: John Lennon, Paul McCartney, George Harrison y Ringo Starr. Incluso, por qué no, de Yoko Ono. A fin de cuentas, muchos le achacan la responsabilidad a ella y sería justo dejarla que se defienda, ¿no te parece?

Por supuesto, no se trata de que siempre tengas que ofrecer las múltiples versiones de una misma historia, esto no es un juicio donde haya que escuchar a todo el mundo para después impartir el mejor de los veredictos posibles. Tú decides qué quieres trasmitir a tus lectores. Quizá te interese trasmitir solo la versión de la mujer sobre su separación y cómo es capaz de reconstruirse sentimentalmente tras abandonar una relación de quince años.

De hecho, el director Julio Medem utilizó este tipo de estructura en su documental *La pelota vasca, la piel contra la piedra* en el que abordaba el conflicto vasco durante los años de la banda terrorista ETA y fue muy criticado por dar voz al entorno de la banda e incluso a la par que al de las víctimas. De algún modo, muchos consideraron que Medem venía a decir que dentro del País Vasco no había víctimas ni verdugos. El punto de vista múltiple en el que, aparentemente, él solo deja la cámara frente a los entrevistados y deja que todos se expresen ante ella en igual de condiciones, está dando el mismo peso a todas las opiniones.

Particularmente no creo que Medem se posicionase a favor de la independencia ni mucho menos a favor de la banda terrorista, simplemente permitió al espectador que escuchase otras aristas del conflicto, sin por ello justificarlas. Pero esto es otro debate que no tiene nada que ver con las estructuras y que, probablemente, no nos compete dentro de este ensayo.

Volviendo al punto de vista múltiple, más allá del control que requiere cualquier estructura y de manejar la alternancia de cada uno de los personajes (no tiene por qué ser uno y uno), la estructura bicéfala o multicéfala, cuenta con una dificultad añadida y tiene que ver precisamente con los personajes.

Cada personaje, habitualmente, habla en primera persona. El lector, por lo tanto, ha de notar que es una voz diferente, con una manera de hablar diferente, con una motivación diferente, incluso con un conflicto y un objetivo diferentes. No consiste simplemente en que al principio de cada una de sus intervenciones escribas su nombre a modo de título de cada capítulo. Eso está muy bien, o no, para orientar a tus lectores. Pero el lector debería ser capaz de diferenciar cada uno de los personajes sin necesidad de esa indicación.

Además de ser una estructura invertida, la novela *Feliz final,* de Isaac Rosa, también es una novela bicéfala. Al igual que en *Historia de un matrimonio,* nos cuenta la separación de una pareja tras una serie de años y una hija en común.

Observa el punto de vista de cada uno de ellos en estos fragmentos:

No vayamos tan atrás, no todavía. Si empezamos a excavar, lo primero que asoma nada más remover la tierra es la noche que inauguró esas dos semanas: la noche en que te dije que quería separarme. Ahí estamos, míranos: sentados en un banquete de boda, compartiendo mesa con lo que Fabio llamó los restos del naufragio. Nuestra heroica parejita se ha ganado una cena, dijo Fabio de pie a nuestra espalda, una mano en cada hombro, voz prematuramente ebria, y tras besarnos ruidoso en las bocas nos aclaró: ¿recordáis aquella cena que nos apostamos hace años?, vosotros sois los ganadores, Antonio y Ángela, Ángela y Antonio, Angelonio, sois los supervivientes, los únicos que no os habéis caído del barco, miradnos a los demás, todos agarrados a un madero y quemados por el sol. Fabio fue haciendo recuento de los once comensales: dos que tras separarse mantenían la soltería, tres acompañados por sus nuevas parejas, el propio Fabio recién divorciado de Néstor, aparte del novio de la boda separado y ahora vuelto a casar, y tú y yo como única pareja superviviente de una reunión de años atrás. Te susurré si querías que nos fuésemos, pero tú cambiaste tu boca crispada por una sonrisa inverosímilmente dulce, y me dijiste que ni hablar: nos quedamos, cariño, hemos venido a pasarlo bien. A partir del comentario de Fabio, el estado civil se convirtió en tema de conversación en la mesa, un cruce de voces del que ya no recuerdo quién dijo qué: En la clase de mi hija somos mayoría los padres divorciados. No hay más separaciones porque no toda la gente puede permitírselo. Es culpa de la esperanza de vida, con tanta vida por delante no vas a quedarte con una misma pareja. Cambias mil veces de trabajo, de casa, de operador telefónico, de peinado, si no hay nada definitivo en tu vida por qué iba a serlo el amor. Ahí ya interviniste tú, parecías con ganas de elevar la conversación frívola: precisamente por eso, porque no nos queda nada estable necesitamos algo firme a lo que agarrarnos, una resistencia contra la deriva. Pero encontraste en respuesta abucheos bromistas, gritos de romántica, romántica, lluvia de migas de pan. ¡Viva el amor resistente!, gritó Fabio copa en alto, recibiendo el eco de un viva por todo el salón, tras lo que se dirigió a ti, impertinente: Angelita, Angelita, no me puedo creer que sigas siendo aquella jovencita que creía en la capacidad transformadora del amor y ¿cómo era aquello tan bonito que decías sobre el amor como entrega absoluta, amarse sin cálculo…? por eso, porque no nos queda nada estable necesitamos algo firme a lo que agarrarnos, una resistencia contra la deriva. Pero encontraste en respuesta abucheos bromistas, gritos de romántica, romántica, lluvia de migas de pan. ¡Viva el amor resistente!, gritó Fabio copa en alto, recibiendo el eco de un viva por todo el salón, tras lo que se dirigió a ti, impertinente: Angelita, Angelita, no me puedo creer que sigas siendo aquella jovencita que creía en la capacidad transformadora del amor y ¿cómo era aquello tan bonito que decías sobre el amor como entrega absoluta, amarse sin cálculo…?

Y el de ella:

Justo antes de aquella discusión me lo habías anunciado. Nos acabábamos de sentar a cenar, los once amigos, tras el cóctel junto al estanque. Hablábamos de cualquier cosa: de hijos, de series televisivas, de despidos, de padres con metástasis, de Cataluña, de qué habíamos hecho desde la última vez que nos vimos, de las

68

novedades sobre la ruptura de Natalia y Jaime. Yo participaba de las conversaciones, tú estabas callado, lo observabas todo con la intensa atención con que miran los abstraídos. Entonces me cogiste la mano bajo la mesa, en lo que tomé por muestra de cariño. En seguida reconocí tu dedo dibujando letras mayúsculas en la palma de mi mano, y mira si vivía en la feliz inopia, que me hizo ilusión: hacía tanto tiempo que no me enviabas mensajes así, con nuestro viejo morse de manos. Te sonreí al notar el cosquilleo de tu yema, y volví la cabeza en disimulo para seguir la conversación de la mesa. Leí con facilidad las letras, el trazo que redondeabas con la uña en mi palma: Q, U, I, E, R, O. Llegué a pensar si me había perdido el principio del mensaje, una T y una E previas, pero hiciste una línea horizontal, señal de que venía otra palabra: Q, U, E, otro espacio, y N, O, S. Ahí todavía podía pensar que estabas cansado, aburrido, llevaba toda la boda viéndote desganado, así que adiviné un QUIERO QUE NOS VAYAMOS que no te atrevías a susurrar delante de los amigos, preferirías que fuese yo la aguafiestas que anunciase nuestra retirada. Seguiste escribiendo: S, E, P, A, R, E, M, O, S. Punto final, marcaste con un golpe del índice. Sentí un calambre en la mano, que me subió por el brazo hasta la nuca. Te miré exagerando mi estupor, pero tú te volviste hacia Fabio, le preguntaste algo, ignoraste mi petición visual de explicaciones.

Como te habrás dado cuenta, el tono de cada uno de los personajes es diferente y su manera de abordar lo sucedido parte de posturas absolutamente distintas. Pero ambas nos completan nuestra visión de la historia.

Pues de eso se trata.

INESTRUCTURA. ¿HAY ORDEN EN EL CAOS?

La inestructura, o la falta de estructura, aparentemente se sucede de un modo anárquico, sin que el autor se preocupe de ordenar los hechos que acontecen. Son los lectores los que, de algún modo, van conformando una estructura lineal o el orden cronológico en su cabeza, a raíz de las escenas que van leyendo de un modo desordenado que, en principio, no parece responder a ninguna lógica establecida.

También se utiliza en novelas donde el orden narrativo no es importante para entender el conflicto y su potencial no depende de él, sino de la acumulación de escenas que se suceden.

Proporcionalmente, son muy pocas las obras con una inestructura y prácticamente se limita a obras vanguardistas y, en términos generales, resultan anecdóticas. Aunque no por ello hay algunas que carecen de importancia. Quizá el caso más relevante de la literatura sea una de las obras cumbre del escritor argentino Julio Cortázar, *Rayuela*, de la que te dejo aquí los dos primeros capítulos:

1

¿Encontraría a la Maga? Tantas veces me había bastado asomarme, viniendo por la rue de Seine, al arco que da al Quai de Conti, y apenas la luz de ceniza y olivo que flota sobre el río me dejaba distinguir las formas, ya su silueta delgada se inscribía en el Pont des Arts, a veces andando de un lado a otro, a veces detenida en el pretil de hierro, inclinada sobre el agua. Y era tan natural cruzar la calle, subir los peldaños del puente, entrar en su delgada cintura y acercarme a la Maga que sonreía sin sorpresa, convencida como yo de que un encuentro casual era lo menos casual en nuestras vidas, y que la gente que se da citas precisas es la misma que necesita papel rayado para escribirse o que aprieta desde abajo el tubo de dentífrico. Pero ella no estaría ahora en el puente. Su fina cara de translúcida piel se asomaría a viejos portales en el *ghetto* del Marais, quizá estuviera charlando con una vendedora de papas fritas o comiendo una salchicha caliente en el boulevard de Sébastopol. De todas maneras subí hasta el puente, y la Maga no estaba. Ahora la Maga no estaba en mi camino, y aunque conocíamos nuestros domicilios, cada hueco de nuestras dos habitaciones de falsos estudiantes en París, cada tarjeta postal abriendo una ventanita Braque o Ghirlandaio o Max Ernst contra las molduras baratas y los papeles chillones, aun así no nos buscaríamos en nuestras casas. Preferíamos encontrarnos en el puente, en la terraza de un café, en un cine-club o agachados junto a un gato en cualquier patio del barrio latino. Andábamos sin buscarnos, pero sabiendo que andábamos para encontrarnos. Oh Maga, en cada mujer parecida a vos se agolpaba como un silencio ensordecedor, una pausa filosa y cristalina que acababa por derrumbarse tristemente, como un paraguas mojado que se cierra. Justamente un paraguas, Maga, te acordarías quizá de aquel paraguas viejo que sacrificamos en un barranco del Parc Montsouris, un atardecer helado de marzo. Lo tiramos porque lo habías encontrado en la Place de la Concorde, ya un poco roto, y lo usaste muchísimo, sobre todo para meterlo en las costillas de la gente en el metro y en los autobuses, siempre torpe y distraída y pensando en pájaros pintos o en un dibujito que hacían dos moscas en el techo del coche, y aquella tarde cayó un chaparrón y vos quisiste abrir orgullosa tu paraguas cuando entrábamos en el parque, y en tu mano se armó una catástrofe de relámpagos fríos y nubes negras, jirones de tela destrozada cayendo entre destellos de varillas desencajadas, y nos reíamos como locos

72

mientras nos empapábamos, pensando que un paraguas encontrado en una plaza debía morir dignamente en un parque, no podía entrar en el ciclo innoble del tacho de basura o del cordón de la vereda; entonces yo lo arrollé lo mejor posible, lo llevamos hasta lo alto del parque, cerca del puentecito sobre el ferrocarril, y desde allí lo tiré con todas mis fuerzas al fondo de la barranca de césped mojado mientras vos proferías un grito donde vagamente creí reconocer una imprecación de *walkyria*. Y en el fondo del barranco se hundió como un barco que sucumbe al agua verde, al agua verde y procelosa, a *la mer qui est plus félonesse en été qu'en hiver*, a la ola pérfida, Maga, según enumeraciones que detallamos largo rato, enamorados de Joinville y del parque, abrazados y semejantes a árboles mojados o a actores de cine de alguna pésima película húngara. Y quedó entre el pasto, mínimo y negro, como un insecto pisoteado. Y no se movía, ninguno de sus resortes se estiraba como antes. Terminado. Se acabó. Oh Maga, y no estábamos contentos.

2

Aquí había sido primero como una sangría, un vapuleo de uso interno, una necesidad de sentir el estúpido pasaporte de tapas azules en el bolsillo del saco, la llave del hotel bien segura en el clavo del tablero. El miedo, la ignorancia, el deslumbramiento: Esto se llama así, eso se pide así, ahora esa mujer va a sonreír, más allá de esa calle empieza el Jardin des Plantes. París, una tarjeta postal con un dibujo de Klee al lado de un espejo sucio. La Maga había aparecido una tarde en la rue du Cherche-Midi, cuando subía a mi pieza de la rue de la Tombe Issoire traía siempre una flor, una tarjeta Klee o Miró, y si no tenía dinero elegía una hoja de plátano en el parque. Por ese entonces yo juntaba alambres y cajones vacíos en las calles de la madrugada y fabricaba móviles, perfiles que giraban sobre las chimeneas, máquinas inútiles que la Maga me ayudaba a pintar. No estábamos enamorados, hacíamos el amor con un virtuosismo desapegado y crítico, pero después caíamos en silencios terribles y la espuma de los vasos de cerveza se iba poniendo como estopa, se entibiaba y contraía mientras nos mirábamos y sentíamos que

73

eso era el tiempo. La Maga acababa por levantarse y daba inútiles vueltas por la pieza. Más de una vez la vi admirar su cuerpo en el espejo, tomarse los senos con las manos como las estatuillas sirias y pasarse los ojos por la piel en una lenta caricia. Nunca pude resistir al deseo de llamarla a mi lado, sentirla caer poco a poco sobre mí, desdoblarse otra vez después de haber estado por un momento tan sola y tan enamorada frente a la eternidad de su cuerpo.

En la primera página de la novela, además, Cortázar incluye un tablero de dirección en el que realiza al lector dos propuestas de lectura:

TABLERO DE DIRECCIÓN

A su manera este libro es muchos libros, pero sobre todo es dos libros. El primero se deja leer en la forma corriente, y termina en el capítulo 56, al pie del cual hay tres vistosas estrellitas que equivalen a la palabra Fin. Por consiguiente, el lector prescindirá sin remordimientos de lo que sigue. El segundo se deja leer empezando por el capítulo 73 y siguiendo luego en el orden que se indica al pie de cada capítulo. En caso de confusión u olvido, bastará consultar la lista siguiente:

73 - 1 - 2 - 116 - 3 - 84 - 4 - 71 - 5 - 81 - 74 - 6 - 7 - 8 - 93 - 68 - 9 - 104 - 10 - 65 - 11 - 136 - 12 106 - 13 - 115 - 14 - 114 - 117 - 15 - 120 - 16 - 137 - 17 - 97 - 18 - 153 - 19 - 90 - 20 - 126 - 21 79 - 22 - 62 - 23 - 124 - 128 - 24 - 134 - 25 - 141 - 60 - 26 - 109 - 27 - 28 - 130 - 151 - 152 - 143 100 - 76 - 101 - 144 - 92 - 103 - 108 - 64 - 155 - 123 -145 - 122 - 112 - 154 - 85 - 150 - 95 - 146 29 - 107 - 113 - 30 - 57 - 70 - 147 - 31 - 32 - 132 - 61 - 33 - 67 - 83 - 142 - 34 - 87 - 105 - 96 - 94 91 - 82 - 99 - 35 - 121 - 36 - 37 - 98 - 38 - 39 - 86 - 78 - 40 - 59 - 41 - 148 - 42 - 75 - 43 - 125- 44 102 - 45 - 80 - 46 - 47 - 110 - 48 - 111 - 49 - 118 - 50 - 119 - 51 - 69 - 52 - 89 - 53 - 66 - 149 - 54 129 - 139 - 133 - 40 - 138 - 127 - 56 - 135 - 63 - 88 - 72 - 77 - 131 - 58 - 131

Con el objeto de facilitar la rápida ubicación de los capítulos, la numeración se va repitiendo en lo alto de las páginas correspondientes a cada uno de ellos.

74

Tras su publicación exploró una tercera que consistía (quizá esta sea la inestructura pura) en empezar por el orden en que el lector desee.

Sin duda *Rayuela* ha sido una de las novelas más alabadas de la literatura y una de las obras icónicas de lo que se conoció como el *boom* latinoamericano, del que formaron parte autores como Gabriel García Márquez, Calos Fuentes, Mario Vargas Llosa o el propio Cortázar. Pero te diré que, personalmente, y ahora que no nos escucha ningún sesudo crítico literario ni tenemos que mantener ninguna pose, siempre me ha parecido una obra sobrevalorada. No sé si, en parte, por esa inestructura que, de algún modo, hace que la obra resulte, de alguna manera, incomprensible y que pierda el pulso narrativo. Al menos a mi entender. Pero, por supuesto, esto es simplemente una opinión.

En cualquier caso, es innegable que se trata de una novela que ha marcado un punto de giro dentro de la literatura en habla hispana.

ESTRUCTURA LINEAL. EMPECEMOS POR EL PRINCIPIO Y ACABEMOS POR EL FINAL

La estructura lineal es la que, sin más, sigue fielmente el orden temporal de los acontecimientos, sin que el tiempo narrativo los altere de ninguna manera.

Por un lado, puede parecer la más lógica y, por otro, puede resultar demasiado convencional, demasiado poco atractiva. Mucho mejor empezar *in media res* o con una estructura invertida, puede que pensemos. Empezar con una estructura lineal me convierte en un escritor aburrido, con pocos recursos, incluso poco cinematográfico y siempre he oído que mi narrativa ha de ser visual, si deseo que llame la atención en los lectores.

Error.

Como ya te he explicado al principio de este libro, elegimos la estructura que aporte mayor narratividad al relato. Es decir que contribuya de la mejor manera al deseo del lector por seguir leyendo. Y en muchas ocasiones la estructura que mejor contribuye a fomentar ese deseo, sin duda es la estructura lineal.

Fíjate, por ejemplo, en la película de la directora Isabel Coixet *Mi vida sin mí*. En ella una joven a la que le detectan un cáncer terminal y a la que diagnostican dos meses de vida decide tratar de cumplir, en tiempo récord, una serie de deseos que siempre ha dejado pendientes, pensado que había tiempo para llevarlos a cabo, y además organizar de la mejor manera posible la vida para sus hijas y su marido antes de que ella desaparezca.

Su estructura es absolutamente lineal. Como decía el director francés Cecil B. DeMille, una película debe empezar con una buena explosión y, a partir de ahí, ir hacia arriba (ya conoces la frase). ¿Qué mejor explosión hay, para comenzar, que te detecten un cáncer terminal? ¿Y qué mayor suspense aporta que el suspense de saber si cumplirá sus deseos antes de fallecer?

Lo mismo ocurre en la novela *El verano sin hombres* de la escritora Siri Hustvedt. En ella una mujer decide pasar una temporada de descanso con su madre en la casa familiar tras salir de una crisis y un ingreso psiquiátrico, a causa de la infidelidad de su marido y su decisión de abandonarla.

Se trata de una novela intimista, sin grandes artificios ni complejidades argumentales y, sin duda, la mejor manera de comenzar es respetar el tiempo cronológico de los acontecimientos.

Este es el inicio:

Poco tiempo después de que él dijera la palabra pausa me volví loca y tuvieron que ingresarme. No dijo no quiero volver a verte más ni se acabó, pero después de treinta años de matrimonio solo me bastó escuchar pausa para convertirme en una lunática cuyos pensamientos explotaban, rebotaban y chocaban entre sí como palomitas de maíz saltando dentro de su bolsa en el microondas. Hice esta penosa reflexión mientras yacía en mi cama del pabellón sur del hospital, tan saturada de Haldol que era incapaz de moverme. Las odiosas y monótonas voces que escuchaba se habían atenuado, pero no habían desaparecido del todo, y cuando cerraba los ojos veía personajes de dibujos animados corriendo por colinas rosadas para luego desaparecer entre bosques azules. Al final, el doctor P. me diagnosticó un trastorno psicótico transitorio, conocido también como psicosis reactiva transitoria, lo que viene a significar que realmente estás loca, aunque no por mucho tiempo. Si el trastorno dura más de un mes es necesario buscarle otra etiqueta. Por lo visto suele existir un detonante que dispara ese tipo de psicosis o, como se dice en la jerga psiquiátrica, un «factor estresante». En mi caso fue Boris o, mejor dicho, su ausencia, porque Boris estaba tomándose su pausa. Me tuvieron encerrada una semana y media y luego me dejaron salir. Durante algún tiempo acudí al hospital como paciente en régimen ambulatorio hasta que di con la doctora S., con su voz suave y musical, su sonrisa contenida y un buen oído para la poesía. Ella consiguió que me pusiera en pie y de hecho todavía hoy me mantiene en pie.

Deseas seguir leyendo ¿verdad?

En ambos casos los detonantes que lanzan la historia (la detección de un cáncer terminal y el ingreso psiquiátrico a causa de una infidelidad) son lo suficientemente *explosivos* como para que aporten la fuerza dramática de inicio que todo relato necesita.

DIFERENCIAS ENTRE CUENTO Y NOVELA. LA IMPORTANCIA NO ESTÁ EN EL TAMAÑO

En términos generales, España es un país donde prima el lector de novela y, lamentablemente, el género del cuento es comparativamente minoritario en cuanto a adeptos. Pero no es así en otras zonas del planeta, como gran parte de Iberoamérica o EEUU, incluso Francia, donde el cuento es tan apreciado o más que las narraciones largas.

Esto hace que en nuestro país a veces se considere el cuento como un entrenamiento hacia la novela por parte del escritor que comienza, un género menor que solo practican los principiantes, que no tiene más valor que el hecho en sí de desfogarse, de tomar un primer contacto con el arte de narrar. «Empiezo por pequeños textos, cuatro o cinco páginas, pero no seré un escritor de verdad hasta que no escriba la gran novela».

Concebirlo así tiene tanta lógica como concebir el ping-pong como una preparación para jugar al tenis. Obviamente ambos son deportes de raqueta y comparten ciertas similitudes, incluso es posible que si un jugador de tenis, pongamos por caso Rafa Nadal, practicase ping-pong, o a la inversa, tuviese ciertos hábitos adquiridos que le serían útiles para el juego (el giro de muñeca, la colocación de la mano, qué sé yo), pero si intentase trasladar todos sus conocimientos, tal cual, sin modificación alguna, terminaría fracasando porque, repito, son deportes diferentes con normativas y maneras de abordarlos diferentes.

Lo mismo sucede con la novela y el cuento. Son narrativas diferentes y tienen sus propias reglas. Así que es mejor que destierres cuanto antes la idea de que el cuento es una novela en miniatura.

Grandes escritores que son referentes en la historia de la literatura, como Borges o Carver, jamás escribieron una novela. Incluso Cortázar o Hemingway practicaron más el arte de la narrativa breve.

¿Cuáles son estas características?

Hablaba Poe, uno de los padres del género, de la unidad de efecto. Julio Cortázar, otro de los que, como hemos dicho, lo practicó con gran maestría, lo llamaba esfericidad. Esto significa que el cuento es un artefacto literario que está concebido para ser leído de una sola vez. No así la novela, en la que habitualmente empleamos varios días. Si el cuento se leyese en varios momentos alternativos, cortocircuitándolo, perdería su fuerza narrativa. Lo que conlleva una serie de peculiaridades propias:

- Posee una única línea argumental. No hay lugar para las tramas B, que sí poseen las novelas, e incluso son necesarias dentro de ellas, y que aquí no daría tiempo a desarrollar y confundirían al lector.
- Todos los elementos que aparecen dentro de la narración han de estar relacionados y funcionar como indicios de ese único argumento.
- Normalmente el cuento tiene un solo protagonista y la historia que se está narrando le pertenece en exclusiva a ese personaje.
- Aborda argumentos breves y sencillos, aunque debajo, en la mayoría de las ocasiones, subyacen temas de gran calado.
- El cuento narra un instante, un momento en la vida de nuestro o nuestra protagonista. No trata de contarnos un camino vital con un cambio y una evolución dentro del personaje, lo que en narrativas más extensas se conoce como el arco del personaje.

Si tuviésemos que realizar una equivalencia con el audiovisual, sería algo así como una fotografía si la comparamos con una película.

En los años que llevo impartiendo clase, he comprobado que la mayoría de los alumnos que comienzan en los talleres, a pesar de ser grandes lectores, están acostumbrados al campo de juego de la novela, por lo que tratan de comprimir en unas pocas páginas argumentos que requieren una extensión mayor. Al final se ven obligados a resumir partes importantes del conflicto de sus personajes que deberían haber sido mostradas, incumpliendo una de las grandes normas de la literatura: El conflicto siempre hay que mostrarlo, no contarlo.

Lo que consiguen ese que, a pesar de tener potencialidad como escritoras o escritores, sus narraciones no sean ni una cosa ni otra, sino, en el mejor de los casos, un buen resumen, una sinopsis de una potencial novela a desarrollar.

El mejor modo de aprender cualquier disciplina es ponerla en práctica uno mismo y fijarse en cómo lo hacen los mejores. En este caso, sería leyendo y escribiendo. Por lo que, si deseas escribir cuentos, te recomiendo que leas los cuentos que han escrito los grandes autores y autoras que han practicado el género (Poe, Flannery O'Connor, Borges, Carver, Hemingway, Chéjov... y tantos otros). Ellos te enseñarán cuáles son las reglas. Luego trata de ponerlas en práctica y experimentar con ellas. Ya sabes que las normas están para saltárselas, pero primero has de saber cuáles son.

FORMAS BREVES. ESTRUCTURA DEL CUENTO SEGÚN RICARDO PIGLIA

Un hombre va al casino, en Montecarlo, gana un millón y se suicida.

Esta nota fue encontrada en uno de los cuadernos del escritor A. Chéjov tras su muerte. Suponemos que estaría destinada a ser desarrollada en un relato, una obra de teatro o quizá una novela. Imposible saberlo dado lo prolífico del escritor ruso.

A raíz de esta nota, el escritor argentino Ricardo Piglia desarrolla su teoría sobre el cuento que recoge en el libro *Formas breves* y que, en buena medida, tiene que ver con las estructuras.

Lo primero que nos dice Ricardo Piglia, y quizá lo más importante de su teoría, es que un buen cuento tiene que encerrar dos historias. Él las llama la historia visible y la historia secreta. Por eso, la nota de Chéjov, apunta Piglia, ya es un cuento en sí mismo. En ella reside una paradoja que el lector debe desentrañar. ¿Por qué a pesar de ganar un millón nuestro personaje se suicida? Si cambiásemos la premisa y, en vez de ganar, perdiese un millón, estaría claro el motivo de su suicidio y no encerraría un cuento, sino que sería una mera anécdota. El conflicto estaría resuelto por la pura obviedad de la que se parte.

Además del hecho de que un relato deba contener dos historias, Ricardo Piglia nos dice que, estructuralmente, solo existen tres maneras de abordar el relato para presentarlas al lector:

1. LA CLÁSICA O DE POE

El escritor bostoniano es uno de los maestros y padres del cuento, como ya hemos dejado claro. No en vano fue uno de los primeros que lo practicó.

Piglia la nombra así porque la mayor parte de los cuentos de Poe se basaban en la sorpresa que encerraban al final, que es, en definitiva, lo que potencia esta estructura.

La historia visible es la que gobierna todo el cuento y la historia secreta emerge al final de manera sorpresiva, dejando al lector con la boca abierta.

Un ejemplo paradigmático de la narrativa actual, en este caso, cinematográfica, sería la película *El sexto sentido*. Aunque dudo que, a estas alturas, haya espectadores que no hayan visto o no conozcan su final, no quiero desvelarlo por si acaso.

Sobra decir que esta sorpresa no puede ser un conejo que nos saquemos de la chistera (un *deus ex machina*), sino que tiene que casar perfectamente con lo que hemos leído y mantener la obligada relación causa-efecto. Precisamente eso es lo complicado, que encajen las piezas del puzle.

2. LA KAFKIANA

Obviamente la nombra así por el escritor checo Franz Kafka. En concreto por su novela *La metamorfosis*.

En la novela de Kafka sabemos desde la primera página cuál es la historia secreta: Gregorio Samsa ha amanecido convertido en una cucaracha sin saber por qué. No hay lugar a la sorpresa. Al menos *a priori*.

> Una mañana, al despertar Gregorio Samsa de un sueño agitado, se encontró sobre su cama convertido en un horrible insecto. Estaba acostado sobre su espalda, y esta era dura como un caparazón. Al

levantar un poco la cabeza pudo ver su vientre curvo, oscuro, dividido en partes rígidas y arqueadas. Sobre esas protuberancias a duras penas podía sostenerse el cubrecama, que estaba a punto de resbalar al suelo. Tenía muchas patas, ridículamente pequeñas en comparación con el resto de su cuerpo, y se agitaban con desesperación ante sus ojos. […]

Lo que potencia esta estructura es el suspense: ¿cómo será capaz de vivir ahora Gregorio Samsa tras amanecer como un insecto? Esa es la pregunta que nos motivará para seguir leyendo.

3. La moderna, de Hemingway o el iceberg

Aunque fue Hemingway quien la teorizo, a mi entender fue el escritor Raymond Carver quien mejor la puso en práctica.

Al igual que en un iceberg, por eso su nombre, solo asoma una pequeña parte del bloque de hielo, apenas un 15%, en este tipo de estructura la historia secreta nunca aparece, pero lo impregna todo.

Antiguamente los barcos, carentes de radares que detectasen el bloque de hielo se chocaban con él ante la imposibilidad de adivinar por dónde se extendía el hielo sumergido. De igual modo, el lector choca de frente al final del relato con la historia secreta que se oculta tras el texto visible.

De algún modo, lo que potencia esta estructura es el subtexto, lo que está por debajo, pero que en definitiva es lo verdaderamente importante. Así, por ejemplo, podemos leer lo que *a priori* es una mera conversación de pareja, donde aparentemente no existe ningún conflicto, pero lo que captamos de una manera implícita es toda la rutina y desgaste, el deseo de separación que reside en ellos. La falta de amor y la derrota vital ante la que los personajes se enfrentan.

Personalmente pienso que toda buena literatura, sin llevarlo al extremo de convertirlo en una estructura como tal, debería tener algo de iceberg. Pienso que al lector no hay que dárselo todo masticado y que, al igual que dijo Paul Auster en su discurso de recogida del Premio Príncipe de Asturias, la literatura es una colaboración a partes iguales entre lectores y escritores. Al lector le gusta que le consideres inteligente.

Ya que Hemingway es, si no uno de sus padres, que también, sí uno de sus teorizadores, te pongo un ejemplo práctico con uno de sus relatos más famosos: *Colinas como elefantes blancos*. En él una pareja tiene una conversación aparentemente banal, pero en ella subyace la sutil manipulación y dominación, en términos generales, que él ejerce sobre ella, y en concreto sobre un aspecto.

COLINAS COMO ELEFANTES BLANCOS
ERNEST HEMINGWAY

Del otro lado del valle del Ebro, las colinas eran largas y blancas. De este lado no había sombra ni árboles y la estación se alzaba al rayo del sol, entre dos líneas de rieles. Junto a la pared de la estación caía la sombra tibia del edificio y una cortina de cuentas de bambú colgaba en el vano de la puerta del bar, para que no entraran las moscas. El norteamericano y la muchacha que iba con él tomaron asiento en una mesa a la sombra, fuera del edificio. Hacía mucho calor y el expreso de Barcelona llegaría en cuarenta minutos. Se detenía dos minutos en este entronque y luego seguía hacia Madrid.

—¿Qué tomamos? —preguntó la muchacha. Se había quitado el sombrero y lo había puesto sobre la mesa.

—Hace calor —dijo el hombre.

—Tomemos cerveza.

—Dos cervezas —dijo el hombre hacia la cortina.

—¿Grandes? —preguntó una mujer desde el umbral.

—Sí. Dos grandes.

La mujer trajo dos tarros de cerveza y dos portavasos de fieltro. Puso en la mesa los portavasos y los tarros y miró al hombre y a la muchacha. La muchacha miraba la hilera de colinas. Eran blancas bajo el sol y el campo estaba pardo y seco.

—Parecen elefantes blancos —dijo.

—Nunca he visto uno —el hombre bebió su cerveza.

—No, claro que no.

—Nada de claro —dijo el hombre—. Bien podría haberlo visto.

La muchacha miró la cortina de cuentas.

—Tiene algo pintado —dijo—. ¿Qué dice?

—Anís del Toro. Es una bebida.

—¿Podríamos probarla?

—Oiga —llamó el hombre a través de la cortina.

La mujer salió del bar.

—Cuatro reales.

—Queremos dos de Anís del Toro.

—¿Con agua?

—¿Lo quieres con agua?

—No sé —dijo la muchacha—. ¿Sabe bien con agua?

—No sabe mal.

—¿Los quieren con agua? —preguntó la mujer.

—Sí, con agua.

—Sabe a orozuz —dijo la muchacha y dejó el vaso.

—Así pasa con todo.

—Sí —dijo la muchacha—. Todo sabe a orozuz. Especialmente las cosas que uno ha esperado tanto tiempo, como el ajenjo.

—Oh, basta ya.

—Tú empezaste —dijo la muchacha—. Yo me divertía. Pasaba un buen rato.

—Bien, tratemos de pasar un buen rato.

—De acuerdo. Yo trataba. Dije que las montañas parecían elefantes blancos. ¿No fue ocurrente?

—Fue ocurrente.

—Quise probar esta bebida. Eso es todo lo que hacemos, ¿no? ¿Mirar cosas y probar bebidas?

—Supongo.

La muchacha contempló las colinas.

—Son preciosas colinas —dijo—. En realidad, no parecen elefantes blancos. Solo me refería al color de su piel entre los árboles.

—¿Tomamos otro trago?

—De acuerdo.

El viento cálido empujaba contra la mesa la cortina de cuentas.

—La cerveza está buena y fresca —dijo el hombre.

—Es preciosa —dijo la muchacha.

—En realidad se trata de una operación muy sencilla, Jig —dijo el hombre—. En realidad, no es una operación.

La muchacha miró el piso donde descansaban las patas de la mesa.

—Yo sé que no te va a afectar, Jig. En realidad, no es nada. Solo es para que entre el aire.

La muchacha no dijo nada.

—Yo iré contigo y estaré contigo todo el tiempo. Solo dejan que entre el aire y luego todo es perfectamente natural.

—¿Y qué haremos después?

—Estaremos bien después. Igual que como estábamos.

—¿Qué te hace pensarlo?

—Eso es lo único que nos molesta. Es lo único que nos hace infelices.

La muchacha miró la cortina de cuentas, extendió la mano y tomó dos de las sartas.

—Y piensas que estaremos bien y seremos felices.

—Lo sé. No debes tener miedo. Conozco mucha gente que lo ha hecho.

—Yo también —dijo la muchacha—. Y después todos fueron tan felices.

—Bueno —dijo el hombre—, si no quieres no estás obligada. Yo no te obligaría si no quisieras. Pero sé que es perfectamente sencillo.

—¿Y tú de veras quieres?

—Pienso que es lo mejor. Pero no quiero que lo hagas si en realidad no quieres.

—Y si lo hago, ¿serás feliz y las cosas serán como eran y me querrás?

—Te quiero. Tú sabes que te quiero.

—Sí, pero si lo hago, ¿volverá a parecerte bonito que yo diga que las cosas son como elefantes blancos?

—Me encantará. Me encanta, pero en estos momentos no puedo disfrutarlo. Ya sabes cómo me pongo cuando me preocupo.

—Si lo hago, ¿nunca volverás a preocuparte?

—No me preocupará que lo hagas, porque es perfectamente sencillo.

—Entonces lo haré. Porque yo no me importo.

—¿Qué quieres decir?

—Yo no me importo.

—Bueno, pues a mí sí me importas.

—Ah, sí. Pero yo no me importo. Y lo haré y luego todo será magnífico.

—No quiero que lo hagas si te sientes así.

La muchacha se puso en pie y caminó hasta el extremo de la estación. Allá, del otro lado, había campos de grano y árboles a lo largo de las riberas del Ebro. Muy lejos, más allá del río, había montañas. La sombra de una nube cruzaba el campo de grano y la muchacha vio el río entre los árboles.

—Y podríamos tener todo esto —dijo—. Y podríamos tenerlo todo y cada día lo hacemos más imposible.

—¿Qué dijiste?

—Dije que podríamos tenerlo todo.

—Podemos tenerlo todo.

—No, no podemos.

—Podemos tener todo el mundo.

—No, no podemos.

—Podemos ir adondequiera.

—No, no podemos. Ya no es nuestro.

—Es nuestro.

—No, ya no. Y una vez que te lo quitan, nunca lo recobras.

—Pero no nos los han quitado.

—Ya veremos tarde o temprano.

—Vuelve a la sombra —dijo él—. No debes sentirte así.

—No me siento de ningún modo —dijo la muchacha—. Nada más sé cosas.

—No quiero que hagas nada que no quieras hacer...

—Ni que no sea por mi bien —dijo ella—. Ya sé. ¿Tomamos otra cerveza?

—Bueno. Pero tienes que darte cuenta...

—Me doy cuenta —dijo la muchacha—. ¿No podríamos callarnos un poco?

Se sentaron a la mesa y la muchacha miró las colinas en el lado seco del valle y el hombre la miró a ella y miró la mesa.

—Tienes que darte cuenta —dijo— que no quiero que lo hagas si tú no quieres. Estoy perfectamente dispuesto a dar el paso si algo significa para ti.

—¿No significa nada para ti? Hallaríamos manera.

—Claro que significa. Pero no quiero a nadie más que a ti. No quiero que nadie se interponga. Y sé que es perfectamente sencillo.

—Sí, sabes que es perfectamente sencillo.

—Está bien que digas eso, pero en verdad lo sé.

—¿Querrías hacer algo por mí?

—Yo haría cualquier cosa por ti.

—¿Querrías por favor por favor por favor por favor callarte la boca?

Él no dijo nada y miró las maletas arrimadas a la pared de la estación. Tenían etiquetas de todos los hoteles donde habían pasado la noche.

—Pero no quiero que lo hagas —dijo—, no me importa en absoluto.

—Voy a gritar —dijo la muchacha.

La mujer salió de la cortina con dos tarros de cerveza y los puso en los húmedos portavasos de fieltro.

—El tren llega en cinco minutos —dijo.

—¿Qué dijo? —preguntó la muchacha.

—Que el tren llega en cinco minutos.

La muchacha dirigió a la mujer una vívida sonrisa de agradecimiento.

—Iré llevando las maletas al otro lado de la estación —dijo el hombre. Ella le sonrió.

—De acuerdo. Ven luego a que terminemos la cerveza.

Él recogió las dos pesadas maletas y las llevó, rodeando la estación, hasta las otras vías. Miró a la distancia, pero no vio el tren. De regreso cruzó por el bar, donde la gente en espera del tren se hallaba bebiendo. Tomó un anís en la barra y miró a la gente. Todos esperaban razonablemente el tren. Salió atravesando la cortina de cuentas. La muchacha estaba sentada y le sonrió.

—¿Te sientes mejor? —preguntó él.

—Me siento muy bien —dijo ella—. No me pasa nada. Me siento muy bien.

Puede que no hayas entendido en una primera lectura que lo que trata de conseguir el hombre es chantajear emocionalmente a la mujer y convencerla para que aborte. Aunque si lo lees en una segunda lectura con calma, verás que hay pistas durante el relato que así lo indican.

En todo caso, aunque no fuese así, el relato de Hemingway no se caería y seguiría resultando igual de atractivo, porque, como te decía al principio, lo que sí que creo que queda claro es que el hombre trata de manipular a la mujer y de ejercer una dominación emocional sobre ella. Me parece que es evidente que no dialogan sobre una bebida llamada Anís del Toro.

NARRATIVA ORIENTAL. LA NARRATIVA SIN CONFLICTO

Antes de introducirnos brevemente en la principal estructura narrativa oriental (*KISHÔTENKETSU*, algo así como su *Poética* de Aristóteles), quizá sería conveniente aclarar algunos conceptos culturales que diferencian la sociedad oriental de la nuestra. Si bien es cierto que, en un mundo cada vez más globalizado, puede que nosotros estemos algo orientalizados y oriente algo occidentalizado y que las nuevas generaciones, tanto a uno como a otro lado, probablemente no tengan maneras de concebir el mundo tan alejadas.

Al igual que nuestra concepción parte, en buena medida, de la religión y, por extensión, de la moral judeocristiana, la suya tiene su mayor influencia en el budismo y el taoísmo. Para estas religiones no hay verdad ni mentira, mal ni bien, sino una percepción del mundo parcial y, por lo tanto, errónea.

Según el budismo, vemos solo una parte del elefante. Si alguien toca una pata dirá que es un árbol, si toca la trompa dirá que es una serpiente. Simplemente se trata de la imposibilidad de ver el elefante de un modo completo.

La aspiración sería vernos como parte de un conjunto mayor. Solo conseguimos la paz dentro de ese conjunto y en equilibrio con él.

Esta concepción inevitablemente se refleja también en la narrativa. Sus historias no hablan de conflicto, sino de equilibrio, por eso su narrativa, en ocasiones, nos resulta desconcertante. Nuestras novelas o relatos persiguen un objetivo tangible que básicamente se puede articular en torno a lo que hemos llamado la gran pregunta dramática: ¿conseguirán Romeo y Julieta superar las dificultades que les impone la sociedad para poder estar juntos?; pero sus historias son kármicas: la historia avanza por la ley del karma. El único objetivo del ser humano es vivir en paz, acorde con la naturaleza. Para los orientales no hay un conflicto en nosotros. De hecho, tenemos que deshacernos de conflictos banales que nos dispersan del objetivo verdadero y ser capaces de alcanzar el karma.

A diferencia de la narrativa occidental, donde el final es la respuesta a la pregunta que se ha formulado o que subyace en el primer acto o planteamiento, en la narrativa oriental no hay manera de pronosticar cómo terminarán, por eso son tan perturbadoras para el lector occidental. En el primer acto no se plantea ningún tipo de pregunta que deba resolverse a través de una participación activa de su protagonista.

En la literatura oriental el lector espera simplemente ver cómo se integran las partes de la trama en un nuevo equilibrio. La satisfacción no se encuentra en la resolución del conflicto, sino en el disfrute de la obra y en ver cuál es ese nuevo equilibrio.

Nuestra palabra clave es conflicto, la suya, tanto vital como narrativamente es equilibrio.

Una vez contextualizada, analicemos la estructura Kishôtenketsu y en qué partes se conforma.

Tiene su origen en una forma de poema chino de cuatro líneas, en las que cada una de ellas correspondía a las cuatro divisiones de la estructura.

Ki – Introducción

Shô – Desarrollo

Ten – Giro

Ketsu – Reconciliación o equilibrio.

Estos serían dos ejemplos de poemas tradicionales chinos con este tipo de estructura:

Ki: La Hijas de Itoya, en el distrito de Osaka.
Shō: La hija mayor tiene dieciséis años y la menor catorce.
Ten: A través de la historia, generales (*daimyo*) acabaron a sus enemigos con arcos y flechas.
Ketsu: Las hijas de Itoya acaban con sus enemigos solo con sus ojos.

Ki – Después de una despedida en las montañas.
Shō – Cae el anochecer y cierro mi puerta hecha de leña.
Ten – Cuando la primavera esté verde el próximo año,
Ketsu – Me pregunto si mi amigo vendrá.

Trasladado a una novela o narrativas más largas. En el primer y segundo acto, simplemente se presenta un universo, el que sea, con un equilibrio concreto. Pero no tiene por qué haber, de hecho, no suele haberlo, ningún conflicto dentro de él, como ya hemos dicho. Por lo que, para un lector acostumbrado a la narrativa occidental, este tipo de historias pueden hacerse muy lentas e incluso aburridas.

En el tercer acto se produciría un giro que incluso puede parecer que no tiene nada que ver con los dos primeros actos, por lo que de nuevo provoca desconcierto en el lector occidental.

Finalmente, en el último acto se produce un nuevo equilibrio o bien una reconciliación entre los dos mundos que hemos visto que, ahora, conviven juntos en un equilibrio diferente.

Puedes observar este tipo de estructuras en autores como el japonés Haruki Murakami, aunque es posible que no de un modo tan puro. Como te decía al principio, a pesar de conservar sus raíces, Murakami es un escritor que mezcla influencias orientales con influencias occidentales, probablemente por su tiempo de estancia y formación, tanto en Europa como en EE.UU.

Aun así, la novela *Tokio Blues*, una de sus obras más conocidas, y quizá una de las «más occidentales», responde en cierta manera a este tipo de estructura:

Ki: Murakami nos presenta a los protagonistas, Toru y a Naoko, y el mundo que les rodea: el novio de ella y, a su vez, mejor amigo de él se quita la vida.

Shō: Mientras suceden conflictos sociales Toru desarrolla su vida universitaria y tiene una estrecha relación de amistad con Naoko. Nos familiarizamos con los personajes sin que haya un conflicto evidente en ninguno de ellos.

Ten: Naoko ingresa en un centro de salud mental y Toru conoce una nueva amiga en la universidad. Ambas *relaciones* se desarrollan de forma paralela.

Ketsu: La personas que rodeaban a Toru, a excepción de una, han desparecido de su vida. Los conflictos sociales que aparecían en el primer acto ya no son tan obvios, vuelve a estudiar y todo parece que es igual que al principio. Aunque de manera diferente.

Sin duda también puedes observar esta estructura en las películas de culto *Mi vecino Totoro* o *El viaje de Chihiro*.

El ejemplo narrativo que te pongo a continuación no es de una autora oriental, sino de una de las alumnas de mi taller, Liliana Sánchez. Ella vive en España, aunque su origen es argentino y su relación con la cultura oriental es la misma que podríamos tener cualquiera de nosotros.

En ningún caso este relato fue concebido con la intención de adaptarse a la estructura KISHÔTENKETSU y, sin embargo, a pesar de que no fue escrito con esa intención, el día que lo leímos en clase me dio la impresión de que se acoplaba perfectamente a ella y que, consciente o inconscientemente por parte de la autora, su potencial no estaba tanto en resolver el conflicto del personaje, sino en el nuevo equilibro que se produce tras un giro, en este caso fantástico (también es muy común que así sea en oriente). Aquí te lo dejo:

EL GOLEM
LILIANA SÁNCHEZ

Con el libro en sus manos, paseaba la mirada de la ventana a las páginas. Aún era de noche. Acompañar el nacimiento del día con una lectura le provocaba fe en la belleza de la humanidad.

La gata, en una danza de guerra, atrapaba con sus garras y mordía el plumero olvidado el día anterior.

—Déjalo ya, Margot, que hoy tenemos que limpiar —Volvió a releer y se detuvo.

—No recuerdo qué significa el Golem —acarició la cabeza de la gata. Entrecerró sus ojos para concentrarse en recordar.

Le gustaba reparar los agujeros en su memoria, se levantó del sillón con prisas, antes de la salida del sol. La gata, atenta, se estiró.

De puntillas frente a la biblioteca localizó el diccionario. Lo cogió por el lomo y al sostenerlo en el aire, contempló atónita que lo envolvía una telaraña arcillosa, manteniéndolo unido al estante que ocupaba.

Como un mago sacando una guirnalda interminable de pañuelos de un sombrero, caminó desplegando el tul amarronado por la habitación. Recorrió el mismo perímetro, varias veces, la masa casi transparente fue enredándose en sí misma, convirtiéndose en una escultura monstruosa.

Con un movimiento de desprecio arrojó el libro hacia el rincón opuesto al que se encontraba. La figura se revolvió emitiendo un rugido.

Lo reconoció.

—Bicho inmundo, eres Golem,

Margot con un aullido de espanto se escondió.

Ella cogió el plumero, lo empuñó como una espada para defender su espacio de lectura.

El Golem cambiaba de color y mutaba en distintos rostros. Identificó a su cuñada y a su propia cara.

—No puedes engañarme —continuaba blandiendo su arma— No invadirás con tu odio mi paz.

99

La mujer avanzaba y retrocedía, como un espadachín experto. Cada estacada, chamuscaba la punta del plumero, su mango se recalentaba.

Comprobó que la bestia no crecía. Se alejó para recuperar su respiración, sin dejar de vigilarlo, volvió a sentarse.

Los tres estaban expectantes formando un triángulo de cristal. El monstruo impertérrito, Margot con los pelos del lomo erizados y ella con una extraña fortaleza.

La luz comenzó a teñir la habitación, atrapando las partículas del engendro.

La mujer perdía su conciencia, deleitándose en la desintegración del Golem. El ronroneo de la gata la acunaba.

Un nuevo día se había instaurado. Ambas se desperezaron con gestos mimetizados.

Como un general que estudia las consecuencias de una batalla, observó que el plumero había quedado despeluchado y el suelo estaba cubierto de polvo.

—Vamos Margot —habló con seriedad— hoy pasaremos la aspiradora.

NO TE OLVIDES DE LO PRINCIPAL. ESTÁS HABLANDO DE PERSONAS, TRÁTALAS COMO TAL

Hemos llegado al final de lo que para mí serían las principales estructuras narrativas o las que manejamos con más frecuencia tanto en la literatura como en el cine e incluso en el teatro. El objetivo de este *manual* solo ha sido dártelas a conocer y animarte a que las pongas en práctica e investigues sobre ellas. Además de que adquieras conciencia de que el tiempo cronológico no necesariamente coincide con el tiempo narrativo y que el éxito de un argumento depende en buena medida de cómo se lo ordenes a tus lectores más que del argumento en sí mismo.

Pero quiero que entiendas que, como te advertía al comienzo de este libro, la adecuada ordenación de tu argumento, incluso la mejor ordenación, no garantiza nada si no prestas atención a otras virtudes: el ritmo de tu prosa, la construcción de tus diálogos, el uso del lenguaje poético y la utilización de la palabra precisa, lo pertinente de la ambientación y lo impertinente del exceso de ella…, y tantas otras virtudes que hay que tener en cuenta en el oficio de narrar.

Pero, sobre todo, nada garantiza nada si dejas de prestar atención a tus personajes. Recuerda que leemos porque nos interesa lo que les sucede a las personas, lo que le atañe al ser humano, lo que nos atañe a todos nosotros. Por lo que el lector solo se interesará y se preocupará por ellos, solo dejará su vida de lado por un momento y se olvidará de sus problemas si cree que son personas de carne y hueso. Eso es lo primero de que debes tener en cuenta. Un buen argumento, bien ordenado dentro de una buena trama, con unos personajes de cartón piedra, no le interesa a nadie. Así que trata a tus personajes con el respeto que merecen.